un grand déchirement. Si quelqu'un pouvoit en douter, nous lui répondrions avec S. Grégoire de Nazianze : Non ! vous ne connoiffez pas la nature des liens qui attachent un Pafteur à fes ouailles. Nos regards ne pourront jamais fe reporter fur vous & fur cette légion de Prêtres vénérables à la tête defquels nous avions l'honneur de nous trouver, & qui nous rappeloient ceux qui entouroient autrefois les Auguftins, les Paulins & les Martins, fans penfer avec attendriffement aux exemples de vertu qui nous foutenoient, & aux témoignages d'attachement qui nous encourageoient dans la carrière que nous nous propofions de parcourir.

Mais nos plus tendres affections font pour cette Églife que J. C. a acquife au prix de fon Sang, fur laquelle le Saint-Efprit nous a placés en qualité d'Évêque pour la régir, & à laquelle la plénitude du Sacerdoce reçu dans notre confécration nous a attachés, comme l'époux eft attaché à fon époufe. C'eft, N. T. C. F., l'Églife que le

A 2

DE LA

TRANSMISSION HÉRÉDITAIRE

DES TRONES

DANS LES RACES LÉGITIMES.

Ouvrage anonyme du même auteur :

De la Révolution dans ses rapports avec ses victimes, et particulièrement avec les émigrés, ouvrage où se trouve la véritable politique à l'usage des restaurations, avec cette épigraphe : *Ils veulent être libres, et ne savent pas être justes !* (Sieyès, le 10 août 1789.)
In-8°. A la librairie de Ponthieu, au Palais-Royal.

DE LA
TRANSMISSION HÉRÉDITAIRE
DES TRONES
DANS LES RACES LÉGITIMES,

CONSIDÉRÉE PLUS PARTICULIÈREMENT COMME SOURCE
DE LA LIBERTÉ.

Dédié au Peuple français.

PAR M. MADROLLE.

« Le *consulat* était une souveraineté viagère, insuffisante
en elle-même, puisqu'elle plaçait une date dans
l'avenir.　　　　　(*Paroles de Buonaparte.*)

L'empire était une souveraineté viagère aussi, puisqu'elle
plaçait une date dans le passé.

A PARIS,

CHEZ J. G. DENTU, IMPRIMEUR-LIBRAIRE,
RUE DES PETITS-AUGUSTINS, Nº 5.

MDCCCXXIV.

AVANT-PROPOS.

Une chose éclatante de vérité, et qui aussi n'a jamais été niée que par l'ignorance ou la mauvaise foi, c'est la nécessité d'une puissance armée et d'une puissance unique dans chaque société, pour déclarer aux hommes leurs devoirs, pour en prévenir la violation par des récompenses et des menaces, et la réparer par des châtimens.

L'autorité religieuse, ou, si l'on veut, l'autorité philosophique et les facultés de la logique, sont bien une puissance; mais du moins faut-il que cette puissance soit libre d'agir; et son agent n'ayant et ne pouvant avoir d'action militaire, qu'est-ce qui lui garantirait la *liberté* de la parole ou *de la presse*, si la souveraineté politique n'était là?

Le pouvoir a besoin d'être armé;
il doit en outre être unique ou monarchique. Je le crois bien ; c'est à
la fois une nécessité de la nature et
un besoin de la société ; car là où
deux souverains seulement sont en
ligne pour dominer, tôt ou tard il
faut invinciblement qu'un seul domine : le cœur humain ne souffre
pas plus d'égalités que la nature ; et
la supériorité ou la victoire (deux
expressions synonymes), quelque
part qu'elle se trouve, est de sa nature bienfaisante, parce qu'elle est
forte, n'éprouvant plus d'opposition.

Mais le souverain meurt, et la souveraineté a besoin d'être immortelle:
quel est celui qui en perpétuera la
durée? Un membre de la famille, un
parent *légitime*.

L'hérédité légitime des trônes, aujourd'hui plus que jamais, est hors
d'atteinte. Elle est passée en *force de
chose jugée*. Elle est le *droit coutumier*
de l'Europe, devenue, par son christianisme, la règle et la maîtresse du

monde. Elle est surtout le droit coutumier de la France, où la révolution, qui pensait la détruire, est venue la réhabiliter avec toutes les autres vérités sociales. Elle est supé-
rieure à nos *chartes*, qui sont elles-
mêmes supérieures à tout, et c'est
pour cela que les chartes se gardent
même de la reconnaître.

Lorsque, ces jours derniers, il est
mort un roi de France, un autre roi
de son sang est avenu, sans que la
transition ait été visible ; et les fêtes
de Reims vont toucher aux tristesses
de Saint-Denis. Des gens acceptent
bien avec *répugnance*, haïssent même
la légitimité, mais ils ne la nient pas.
Ceux-là même qui naguère s'étaient
montrés ses plus ardens dénégateurs,
et même ses bourreaux les plus en-
joués, se sont unis à ses apologistes,
et la *Chambre des cent-jours* a ouï
Barrère proclamer solennellement :
*Une institution élective peut-elle avoir
autant de force qu'une institution héréditaire ?*

Mais (tant le philosophisme a faussé parmi nous les esprits) nous n'avons guère que le sentiment des vérités dont nous aurions le plus besoin d'avoir la conviction. On a remarqué avec raison que le mot *question*, de tous les mots de la langue était celui qui est devenu, de nos jours, le plus en usage dans les *palais de justice* et jusque dans les tribunes législatives. La société toute entière ne semble plus qu'un doute immense. Faut-il s'en étonner? Nous *doutons* de Dieu, la cause, le moyen et l'objet de la science de tout. Autrefois on *voyait tout en la Providence;* on n'y voit plus rien aujourd'hui. Comment *savoir* quelque chose?

Le premier avènement d'un prince légitime au trône de France qu'il y ait eu depuis la révolution vient d'avoir lieu ; le moment est éminemment mémorable. Nous n'avons jusqu'à présent songé qu'à exprimer des regrets pour la légitimité qui a fini, ou des espérances pour celle qui commence. Il est temps de mettre au jour des vérités plus graves et plus bienfaisantes. Nous avons le sentiment et l'amour de la légitimité : cherchons-en la démonstration.

Et qu'on ne pense pas que cela soit difficile. C'est une loi de la Providence, qu'une vérité est susceptible de démonstration en proportion de sa grandeur, de sa nécessité, de son utilité pour le genre humain. Nier cela, ce ne serait rien moins nier que l'existence de Dieu, parce qu'il faudrait nier sa justice et sa bonté, c'est-à-dire des attributs aussi vrais que son existence. Et s'il est vrai que la vérité de l'hérédité du pouvoir soit l'une des plus grandes et des plus nécessaires vérités qu'il puisse y avoir, puisqu'elle se confond avec celle du pouvoir lui-même, il est vrai aussi qu'elle est l'une des plus faciles à établir.

L'hérédité d'un trône, comme toute autre hérédité, est un droit.

Il n'y a pas de droit qui ne soit

fondé sur une cause d'utilité humaine.

Et précisément une utilité est ce
qu'il y a au monde de plus matériel,
de plus visible, de plus sensible, de
plus irrécusable, et, par conséquent,
de plus aisé à établir.

Pour démontrer en cette matière,
il n'y a qu'à montrer.

L'autorité d'un homme ou d'un
livre, l'autorité d'un peuple, *l'autorité* même *universelle*, on peut les ré-
cuser, ou du moins on les récuse : té-
moin la guerre à mort et sans cesse
renaissante que font à un savant et
vertueux écrivain de nos jours, tant
d'autres écrivains. Mais, en récusant
les autres autorités, le moyen de ré-
cuser celle des faits! Il faudrait nier
le rapport de ses propres yeux ; il
faudrait se répudier soi-même. Un
genre de preuve incontestable, lorsqu'il s'agit d'un *droit*, est donc celui
de ses *bienfaits;* car les effets sont
la pierre de touche des principes, et
les conséquences le vrai *criterium* de

la vérité : *ab operibus cognoscetis eos*, dit la sagesse éternelle.

Comment se fait-il donc que nous en sommes encore réduits à la triste condition d'avoir besoin qu'on nous démontre des vérités qui, ainsi que celle de la perpétuité des trônes dans les familles légitimes, reposent presque exclusivement *sur des faits?*.... C'est que nous n'y pensons pas.

C'est donc par des faits que nous allons démontrer le grand point de droit public universel de l'hérédité légitime. Ce n'est pas moi qui, de ma propre autorité, réduis ce point à un *point de fait*, c'est la nature. Si de grands écrivains ont envisagé autrement la légitimité, il faut dire aussi qu'ils l'ont manquée. Je prie le lecteur de ne pas perdre un moment de vue cette considération dans tout le cours de l'ouvrage ; car, sans cela, j'ose le prévenir et lui affirmer qu'il le jugerait mal, et qu'il le jugerait à faux.

Mais il nous a fallu, entre un très-grand nombre d'exemples, faire un choix. Il n'était ni possible ni même utile de tout dire. Une fois qu'il est mis sur la voie d'une grande vérité, l'esprit français va tout seul, et va bien. Nous avons pris de préférence, en fait de légitimité, celle des Bourbons : elle est la source et le type de toutes les autres. En fait d'usurpation, nous avons choisi celles de Cromwell et de Buonaparte. Si elles ont l'inconvénient, du moins la dernière, de réveiller des souvenirs douloureux, elles ont l'avantage d'être plus connues, et de pouvoir être mieux appréciées et plus haïes.

Je ne me prévaudrai d'aucun fait qui ne soit certain, qui ne soit affirmé par d'irrécusables autorités, et qui ne soit même de notoriété publique. La logique que j'emploierai sera, j'ose le dire, irrécusable : ce sera celle du *sens commun*, si justement appelé par Bossuet le *maître des affaires*, et que pourtant nous avons si souvent le malheur d'oublier nous-mêmes, ou de n'exiger pas des autres. Comme tout se tient dans la vérité, tout se liera dans cet ouvrage. Il y aura, je le sais, dans mes lecteurs, des gens qui ne seront pas tout à fait convaincus. Je dois les rassurer : ce n'est point à leur insuffisance que je m'en prendrai, c'est à la mienne. Une maxime que je regarde comme aussi certaine qu'une vérité mathématique, bien qu'elle ne soit pas, à beaucoup près, aussi reconnue, c'est qu'il ne saurait y avoir de vérité nécessaire (et celle de l'hérédité des trônes est certainement de cette espèce) niée que par la faute de l'orateur qui la parle ou de l'auteur qui l'écrit.

Au reste, en défendant l'hérédité des trônes, ce n'est pas le pouvoir arbitraire que je prétends défendre, mais la liberté. Seulement j'entends la liberté du bien, et non celle du mal. Indépendance pour la vertu, surveillance, effroi, et même, s'il le faut, esclavage pour le vice. Telle est notre profession de foi, et nous la croyons plus libérale qu'aucune autre. Nous avons écrit pour la patrie : nous ne pouvions mieux faire que de lui offrir notre ouvrage. Et nous aussi nous remercions le ciel de nous avoir fait naître dans le gouvernement où nous vivons, et de ce qu'il a voulu que nous obéissions à ceux qu'il nous a fait aimer.

Les avantages d'une institution ne sauraient se bien apprécier sans l'examen des inconvéniens de l'abus contraire. Nous commencerons par montrer les effets de l'usurpation ; nous finirons par le tableau du gouvernement légitime. Dans la première tâche, nous aurons à nous souvenir ; dans l'autre, il nous suffira d'ouvrir les yeux, et l'expression de la vérité sera celle de la jouissance.

TRANSMISSION HÉRÉDITAIRE

DES TRONES

DANS LES RACES LÉGITIMES.

PREMIÈRE PARTIE.

———

DES CALAMITÉS DES MONARCHIES ÉLECTIVES OU USURPÉES.

LA conduite d'un usurpateur dépend de son caractère. Or, quel est d'ordinaire celui d'un usurpateur? Tout un peuple vit paisiblement sous un souverain légitime. Les citoyens jouissent de plus de liberté qu'ils n'en ont jamais eue. Le prince, loin d'être un tyran, est généreux (1). C'est du sein de cette harmonie que sort la *Convention* des

———

(1) C'est un fait avoué de tout le monde, qu'à aucune autre époque de la monarchie peut-être, les Français ne se trouvaient, à la façon du moins qu'on l'entend dans le monde, plus libres et plus heureux que sous le règne de Louis XVI.

premiers usurpateurs. Ils exposent la société aux crimes et aux ruines, en la plaçant volontairement dans l'anarchie. Les premiers traits de leur caractère sont l'orgueil, et par conséquent la révolte, l'impiété et la férocité; et il n'y a guère aussi de *conventionnels* qu'on ne pourrait reconnaître à cela.

Enfin, le mal finit avec son aliment. La société se relève de ses désastres. Les peuples, et jusqu'à leurs pouvoirs divisés et temporaires, demandent à grands cris l'abolition des œuvres révolutionnaires, et le rétablissement de la législation régulière. Alors apparaît un homme ayant en main la puissance, puisqu'il est en tête de l'armée. Il lui suffit d'une *bonne volonté* pour rétablir l'ordre par le rappel de la légitimité, qui le produit. La grande opinion publique, celle qui ne se trompe pas, et qui ne trompe jamais, lui demande d'employer sa force à la *restauration;* il l'applique à la révolution. Au lieu d'en finir avec le mal, il va le prolonger et l'étendre. En lui, la révolution va *se faire chair* et *monter à cheval.* Le peuple qu'il pouvait rendre bon, il le fera plus mauvais; de la société dont il pouvait se faire un moyen d'édification, il se fera un instrument de tyrannie européenne (1). Voilà enfin une seconde sorte d'usurpation, celle qui pouvant rendre, garde ; plus dangereuse cent fois, et plus criminelle que la première. Elle suppose aussi, et au plus haut degré, dans son agent, l'impiété, la révolte, la destruction, l'inhumanité.

Dès avant son *protectorat*, lorsque Cromwell fut envoyé pour punir les universités de Cambridge et d'Oxford de leur fidélité au roi, ses soldats mutilèrent les statues des saints, firent des ornemens sacrés des housses à leurs chevaux, et érigèrent les chapelles en écuries.

Il servit de l'épée, et même de la plume, le Parlement rebelle, avec un zèle ardent. L'ordre d'enlever traîtreusement le roi fut donné par lui, et ce fut lui aussi qui demanda son jugement à la Chambre des communes. « *N'obligez pas*, disait-il, *l'armée de cher-*

______

(1) « La vie d'un individu est précieuse pour lui ; mais « celle d'un souverain l'est pour tout le monde. Un crime « fait-il disparaître la majesté royale ; à la place qu'elle oc- « cupait, il se forme un gouffre, et tout ce qui l'environne « s'y précipite. » Voilà, en un trait, l'histoire de la révolution d'Angleterre tracée de la main de Shakespeare (dans *Hamlet*), et c'est aussi l'histoire de la nôtre.

cher dans sa propre force un salut qu'elle voudrait ne devoir qu'à la vigueur de vos résolutions. » En achevant des paroles si expressives, il appuyait sur la garde de son épée cette main qui avait gagné tant de batailles.

Il vota, lui et ses trois gendres, la mort du roi, signa l'un des premiers le warrant de condamnation, et conduisit, pour le signer, la main d'un de ses collègues qui avait refusé de condamner. Il refusa à sa mère la grâce du prince qu'elle lui demandait à grands cris et à genoux ; et lorsqu'il s'agit d'exécuter, ce fut lui qui en écrivit de sa main l'ordre pour le bourreau.

Telle est la conduite religieuse et politique de Cromwell, voici sa charité : la célèbre et magnifique bibliothèque d'Oxford, que des siècles et toutes les parties du monde avaient concouru à former, fut par lui brûlée en un jour. On le vit, à la tête de compagnies de dragons, faire charger impitoyablement des réunions royalistes de la cité ; et tout généralissime qu'il était, il tuait les officiers de sa main.

Du reste, l'hypocrisie de cet homme égalait sa corruption. Il parlait en saint, et agissait en démon. A chaque succès de ses armes, il écrivait des *actes d'humilité* à la Chambre des communes. «La main de Dieu « seule a éclaté, disait-il perpétuellement; « à lui seul appartient la gloire. Le général « lui rapporte tout, et aimerait mieux périr « que de rien s'attribuer à lui-même. » Pendant le procès de Charles Ier, Cromwell et Ireton, son gendre, observaient ostensiblement des jeûnes à Whitehal; et lorsqu'après sa condamnation, on demandait sa grâce, le général dit *qu'il avait lui-même prié pour le roi, mais que le ciel n'avait pas répondu.* C'était son assouvissement de domination que cet homme *cherchait*, et il ne cessait de dire *qu'il cherchait le Seigneur.*

Mêmes antécédens dans Buonaparte, à un régicide près qui vint trop tôt. Dans sa campagne d'Italie, en 96, il tombait sur les églises comme sur une proie; et l'on sait que pour faire sa cour à l'impiété du gouvernement dont il était le satellite, il envoya à Paris la statue de *Notre - Dame* de Lorette, en écrivant, dans une langue athée, aux *représentans* du peuple : « *Je vous envoie la* « *Madone, vous en ferez ce que vous voudrez.* »

Son esprit de démocratie ne fut pas moins

remarquable que son irréligion : il a fait l'apologie de Marat (1), et fut l'ami de Robespierre. Le lundi de Pâques 1792, il fit tirer sur les habitans d'Ajaccio, ses compatriotes, à leur sortie de la messe de prêtres *insermentés*. Il extermina huit cents royalistes à la fois dans Toulon.

Et qu'on ne pense pas qu'il se soit fait scrupule de sa férocité ; il y mettait sa gloire. *« C'est en marchant dans le sang* des traî- « tres, mandait-il à la *Convention*, que je « vous annonce que vos ordres sont exécu- « tés.... *Ni l'âge ni le sexe n'ont été épargnés.* « Ceux qui n'ont été que blessés par le canon « républicain, ont été dépêchés par le glaive « de la liberté, et par la baïonnette de l'é- « galité. *Salut et admiration, Brutus Buona- « parte, citoyen sans culotte.* » Depuis, il fut trouvé digne de mitrailler les *sections de Paris* s'élevant contre les tyrans assemblés ; et il fit massacrer quatre mille Egyptiens admis à se rendre sous condition de la vie...., et cela, pour n'avoir pas à leur laisser du pain !

Il était hypocrite aussi celui-là ; seule-

______

(1) Sous le nom de *Souper de Beaucaire.*

ment, comme il avait affaire à des gens démocrates, ce n'était pas une hypocrisie de religion qu'il employait, c'était une hypocrisie d'état : après le 9 *thermidor*, il écrivit au général Tilly : « J'ai été un peu affecté « de la mort de *Robespierre, que j'aimais* et « croyais pur ; mais *fût-il mon père, je l'eusse* « *poignardé, s'il aspirait à la tyrannie.* »

L'impiété, le jacobinisme, la férocité, sont des matières à usurpateurs en espérance ; l'ignorance, l'impuissance, l'orgueil, le sont à usurpateurs consommés.

La véritable intelligence, celle qui est le prix et le principe de toutes les vertus et de toutes les belles actions, a toujours manqué aux usurpateurs, et précisément parce qu'ils sont usurpateurs. Buonaparte et Cromwell se ressemblent à leurs inconséquences, à leur manie de libelles. Le dernier caressa toutes les sectes ; l'autre fut successivement démocrate sous la *Convention*, et souverain absolu avec *l'Empire* ; catholique à Rome, et musulman au Caire (1). Cromwell faisait des

____

(1) Buonaparte parut avec un turban aux fêtes de Mahomet, et reçut du divan le nom d'*Ali Buonaparte*. Dès avant sa campagne d'Egypte, il forma un moment le projet d'aller servir la Porte contre l'Autriche.

2.

brochures, publiait des *proclamations*, ou récitait de longs discours *théologico-mystico-politiques ;* et Buonaparte rédigeait des *bulletins* d'armée et des *articles* dans le *Moniteur.* Au reste, tous les deux, au fond, d'une religion fort équivoque, et ne tenant de certain qu'une évolution militaire et le carré de l'hypothénuse.

Si les tyrans (car tous les usurpateurs le furent) avaient une science, ce serait celle de la méchanceté, c'est-à-dire, la fausse. Le vulgaire, je le sais, n'est pas encore tout à fait de cet avis-là ; mais c'est qu'il prend des commandemens pour de la science, des articles pour des *codes,* des massacres pour de la capacité, et des incendies pour des lumières.

Comment se fait-il donc que toute une suite de *prétendans* à l'usurpation, comme il y en a toujours au moment où l'usurpation se consomme, la cèdent, ou la laissent à des hommes médiocres ? C'est qu'ils en sont moins jaloux, ou qu'ils espèrent plus les dominer, ou se mettre un jour à leur place.

J'ai parlé de l'impuissance naturelle des usurpateurs, voici celle qui tient à leur position : les hommes qui ont le plus de

force, parce qu'ils ont le plus de *foi,* seraient empruntés dans une fonction extra-
ordinaire. Comment voudrait-on qu'un individu dont le père a été greffier ou
brasseur (1), et qui a été soldat et un temps
sans ressources, ne soit pas étourdi sur les
effrayans trônes qu'occupèrent Elisabeth ou
Louis XIV? Ils auront beau lire des *styles* de
cour et prendre des leçons de théâtre; la
royauté, qui n'est que la dignité par excel-
lence, s'exprime, mais ne se joue pas.

Le trône lui-même qui lui seul, et par je
ne sais quelle magie de réflection, s'identifie
avec la vérité et les bienfaits de l'autorité
dont il est l'emblême, n'est à ses yeux que
quatre planches de sapin recouvertes d'un ve-
lours......, comme il n'est personnellement
qu'un étranger affublé d'un manteau royal.

L'usurpateur n'est pas seulement étourdi
par la grandeur, il est encore troublé par la
crainte et tourmenté par le remords. Il voudrait faire le bien, qu'il n'en a pas la liberté.
Il est difficile en effet de méditer sur les besoins d'un peuple, lorsqu'on a perpétuellement *l'image des Bourbons* en présence, et

---

(1) Le père de Cromwell exerçait la profession de brasseur.

qu'on rêve ou rencontre sans cesse les poignards (1).

D'ailleurs, l'usurpateur est lié par ses *précédens de crime*; il l'est surtout par celui de son usurpation. Lui est-il toujours aisé, par exemple, de faire poursuivre des complots contre une couronne usurpée, lorsqu'il n'en a pas, lui, respecté une légitime (2)?

L'usurpateur n'arrive pas seulement au trône avec ses passions, il y vient avec celles d'autrui. Le combat entre les révoltés et les fidèles cesse à peine, et il n'a cessé que sur une sorte de transaction. Les jacobins en particulier on fait des réserves, et ces réserves sont, comme on pense, la conservation de leurs biens nouveaux et de leurs places, et l'amnistie de leurs attentats. Quelque grande que soit ou que puisse devenir sa puissance, l'usurpateur est donc obligé, aux risques et périls du peuple qui souffrira, de tenir ces stipulations. Il ira, si on peut le dire,

---

(1) *Si recludantur tyrannorum mentes, posse aspici laniatus et ictus; quandò ut corpora verberibus, ità sævitiá, libidine, malis consultis, animus dilaceretur.* (Tacite, *ann.* 6.)

(2) *Percunctanti Tiberio quomodò Agrippa factus esset? respondisse fertur, quomodò tu Cæsar.* (Ibid., *ann.* 2.)

et long-temps, sur *les derniers erremens de la terreur.*

Comme un usurpateur ne trouve en lui, il ne trouve aussi autour de lui que de la faiblesse pour le défendre : l'histoire est muette pour sa race, en même temps qu'elle est, d'ordinaire, une longue apologie de la dynastie à laquelle il a prétendu se subroger ; et quand il stipendie des plumes vénales pour se donner des vertus d'un jour, Tacite, qui écrit à l'écart pour la postérité les attentats de son règne, y intercale l'hypocrisie.

Les hommes manquent aussi bien que les choses dans une usurpation. L'usurpateur est renié de tout le monde dans la patrie. Son trône est fondé sur des ruines encore fumantes et sur la chute d'un parti qui nourrit le ressentiment et conspire la victoire ; et il ne s'est élevé, quoi qu'il ait pu faire, qu'au préjudice et au regret de ses anciens collègues en démocratie, et quelquefois en régicide, de ses collègues qu'il a humiliés ou placés à côté de lui, et qui, par conséquent, ne le haïssent ou ne le jalousent que davantage.

A l'étranger, l'usurpateur a bien d'autres ennemis naturels : en sortant du peuple pour se mettre au rang des souverains, il a ébranlé leurs droits légitimes et blessé leur légitime orgueil. C'est bien pis si, comme il arrive toujours, il veut lutter contre eux ou les anéantir; et quand ils traitent avec lui, ce n'est jamais que comme moyen, et avec le vœu secret de s'en venger mieux. La famille seule de l'usurpateur lui serait dévouée; mais elle lui fait honte.

Ainsi le souverain élu n'a pas le moyen de faire le bien. Il ne peut rendre présent le passé par l'histoire, ni faire rétroagir l'avenir par l'espérance. Il n'ouvre le premier que pour y lire en lettres d'or les titres qu'il a violés. Il n'entr'ouvre le second que pour y voir en caractères de sang les maux qu'il a causés. Sa personne est un centre où tout commence et où tout finit. Il est *tout seul* dans la nature, car ses entours sont ses complices et ne sauraient compter; et comme Médée *dans les revers*, c'est-à-dire pour lui jusque dans la gloire, il ne *lui reste* jamais que *lui*.

L'orgueil est comme l'apanage de la faiblesse : il se trouve aussi excellemment dans les usurpateurs. Ils sont des instrumens de Dieu, et même de quelques hommes ; ils ne doivent leur élévation qu'à leur position, et ils s'imaginent la devoir à leur génie. Lorsque Cromwell prit le nom de *protecteur*, « *c'était*, dit-il, *parce que les Anglais savaient jusqu'où s'étendaient les prérogatives d'un roi, et ne savaient pas jusqu'où celles d'un protecteur pouvaient aller.* » A la plus légère indocilité des puissances européennes, il disait : « *Je* « *veux* qu'on respecte la république anglaise, « autant qu'on a respecté autrefois la répu- « blique romaine. » Et comme faisait Maho- met? il se donna pour inspiré, à ce point que, la veille de sa mort, il déclara que Dieu lui avait révélé *qu'il ne mourrait pas encore*, *et qu'il le réservait pour de plus grandes choses.*

Buonaparte, lui, procéda en ce genre d'une façon plus audacieuse encore : il disait, « *Dieu au ciel, et moi sur la terre.* » Et le plus criminel des tyrans ne fit pas difficulté de se placer au rang du roi *saint Louis* (1). L'u- surpateur de France ne s'élevait pas toujours à l'orgueil, il descendait jusqu'à la vanité : il eût payé de la plus haute dignité les éloges d'un écrivain de talent ; et on sait qu'il alla jusqu'à prêter des adulations de sa personne

---

(1) La *Saint-Napoléon* est en effet dans le même mois que la *Saint-Louis!*

à des hommes qui lui auraient plutôt sacrifié la vie que de l'encens.

Il ne se contentait pas de faire sentir sa puissance par des impôts et dès conscriptions, il l'écrivait sur des murs ou sur des codes ; il en plaçait l'image dans les plus petits monumens publics et jusque sur le faîte de colonnes menaçantes. Partout enfin il semblait dire :

C'est moi qui suis Colin, berger de ce troupeau (1).

J'ai signalé dans le caractère et les précédens des usurpateurs, la cause de leur impuissance à faire le bien, ou de leur capacité pour le mal. Il est temps de les faire voir en action ; mais je ferai grâce de toutes les calamités causées par les usurpateurs républicains, ou en masse et en assemblée, pour ne m'occuper que des malheurs des usurpateurs monarchiques. Les premiers épuisent les ressources et les hommes de la société ; mais, loin que ce soit pour empêcher la monarchie, c'est pour savoir *qui sera roi.* Ils ne sont pas long-temps à craindre. Ils s'en-

---

(1) Ce fut, comme on sait, Louis XVIII qui fit ingénieusement l'application de ce vers à Buonaparte.

tra-*dévorent* dans *un règne d'un moment.* Les autres durent plus long-temps, parce qu'ils se fondent sur une apparence d'ordre, et ils sont aussi le plus long-temps redoutables.

La tyrannie d'un usurpateur dans une société commence par elle. On y est tranquille; mais, comme dans l'Orient, « ce n'est point « une paix, c'est le silence de ces villes que « l'ennemi est prêt d'occuper (1). » Il enlève tout aux citoyens, littérature, morale, législation, liberté, biens, vie. La science des devoirs, qui fait le salut de l'âme, et celle des *belles lettres*, qui en font le charme, sont choses dangereuses ou surannées. Il suffit à l'homme de savoir tirer un fusil ou mesurer un terrain, et tous les colléges semblent des camps, et les étudians des soldats.

On fait consister la législation dans des *articles à la file* où, sans parler du fond, pas une idée ne touche à l'autre, et qui ont aussi perpétuellement besoin d'études, de commentaires, d'arrêts, d'interprétations, de supplémens et de *révisions.*

Mais le mal le plus sensible de l'usurpation, quoiqu'il ne soit pas le plus grave, c'est l'im-

---

(1) *Esprit des lois.*

mensité des actes arbitraires, des dépouille-
mens et des conscriptions.

Buonaparte faisait des déportations en
masse de 300 citoyens français à la fois,
soupçonnés d'être suspects; et, sous son
empire, 700 furent retenus en prison, no-
nobstant leur acquittement par les tribunaux.

Il commença par appauvrir et décimer
la France pour maintenir son usurpation
et pour l'étendre. Il l'aurait ruinée de biens
et dénuée d'habitans, pour sauver sa seule
existence *dans une chaloupe dorée* (1). Il était
le légataire universel des expropriations et
des armées révolutionnaires. Aux dépouilles
'u clergé et de la noblesse, il ajouta celles
des communes. A la conscription de la jeunesse, il joignit celle de l'âge mur et jusqu'à celle de l'enfance. Il leva des impôts
sous les formes de la charité (2), et se pré-
parait des recrues sous le nom de *garde nationale;* il dévora enfin en dix années quinze
milliards d'impôts et cinq millions d'hommes.

______

(1) Expressions de M. de Pradt, son aumônier.

(2) Buonaparte gagna *quatre millions* sur les *centimes ad-
ditionnels* qu'il leva pour soulager les pauvres dans le rigou-
reux hiver de 1811.

Une fois, entre autres (1), où il avait à opter entre la boucherie de 40,000 Français et la prise d'un seul (2), il ne balança pas à prendre le parti de l'égoïsme.

Cromwell en avait fait autant, du moins en fait d'impôts. Il avait aliéné les biens de la couronne et de l'Eglise. Et toutefois, ce qui ne s'était jamais vu dans la monarchie anglaise, il imposa le peuple à la somme immense de 120,000 livres sterling par mois, et enleva aux royalistes la dixième partie de tous leurs biens.

Otez l'hérédité des familles, ôtez-la surtout chez les souverains, et nous ne connaissons plus de gloire sur la terre, car il n'y a plus de grandeur. Tout se rapetisse à la vie de l'individu. C'est le lit de Procuste, selon lequel il faut tout couper. C'est le viager au lieu de l'immortel. Le célibataire hésite à planter, dans la crainte de passer avant la

---

(1) A Leipsick.

(2) Et encore qui ne l'était pas. Il existe en effet une dissertation manuscrite dans laquelle il est prouvé que Buonaparte est réellement né le 5 février 1768, et qu'il ne s'est dit du 15 août de l'année suivante, qu'afin de placer sa naissance à une époque postérieure à la réunion de la Corse à la France, qui est de juin 1768.

venue. Il cueille le blé en herbe, de peur que la moisson ne lui échappe. Il effruite la terre pour ne rien laisser après lui.

Après cela, j'imagine, il ne faut pas penser à la liberté sous le régime d'un usurpateur ; il n'y a que celle de la résignation. On sait le cas qu'ils font de ce gouvernement généreux où les peuples eux-mêmes sont appelés à concourir à la législation, et auquel ils paraissent attacher tant de prix. Comme des juges s'excusaient devant Cromwell d'avoir souffert la liberté de la défense d'un accusé, en se fondant sur la *grande charte* : « *Votre* « *grande charte*, leur répondit-il, *n'a pas le droit* « *de contrôler mes actions.* » Il dit un jour à parte au Parlement : « *Ces gens-là ne se tien-* « *dront pas tranquilles que l'armée ne leur ait* « *tiré les oreilles.* » Et lorsqu'on parla d'épurer cette armée, dont il était le chef, il répondit : « *qu'il était sûr de l'armée, mais* « *qu'il connaissait un autre corps* (le Parlement) « *dont l'épuration serait plus nécessaire, et que* « *l'armée devait se charger de ce soin.* » Aussi l'a-t-on vu depuis, apprenant en Ecosse que le Parlement voulait lui ôter le titre de généralissime, voler à Londres, chasser violemment les députés de leur salle, et faire inscrire sur la porte : *Maison à louer !* Il convoque de la façon la plus arbitraire un Parlement nouveau, s'en fit donner le titre de souverain sous le nom de *protecteur*, appelant chacun à son tour les hommes sur un bureau militaire pour signer le serment de leur servitude ; et sachant bientôt qu'on se proposait de lui retirer son titre, il en jeta les *lettres* sur le bureau, en disant : « *Je serais bien aise* « *de voir s'il se trouvera parmi vous quelqu'un* « *assez hardi pour les prendre.* » (Cela rappelle la fable du *Lion et des Animaux.*) Puis se tournant vers ses troupes : « *Qu'on emporte,* dit-il, « *la masse du Parlement !* » Et après que tout le monde fut sorti, il ferma la porte lui-même et en emporta la clef.

Buonaparte en a fait autant la seule fois que le *Corps législatif* voulut lui résister. « *J'ai un titre,* leur dit-il, *vous n'en avez pas...* « *C'est le trône qui est la Constitution ; tout est* « *dans le trône et dans moi... Je suis au dessus de* « *vos misérables criailleries... Retournez dans* « *vos départemens.* »

Voilà la tyrannie privée d'un usurpateur, voici celle que j'appellerai sociale : elle a d'ordinaire pour borne l'Europe ; sans l'impossibilité, les revers, ou la mort, elle n'aurait pour limite que le Monde.

Cromwell faisait la guerre à ses concitoyens avec férocité. Il pillait les villes, mas-
sacrait les prisonniers et passait les garnisons
au fil de l'épée. « Il versa le sang comme
« l'eau, dit son *historien*, sur cette terre déjà
« sanglante ; Irlandais, Anglais, royalistes,
« prêtres, soldats, il massacra tout ce qui fit
« obstacle à sa conquête. » Il imposa des lois
aussi injustes qu'humiliantes à la Hollande,
au Portugal, à l'Espagne, à la France. Tandis
qu'il tyrannisait les catholiques d'Angleterre,
il imposait avec hauteur à Mazarin l'émanci-
pation des protestans de Nismes, et il est
mort avec le projet de s'unir à l'Espagne
contre la France, et d'ajouter un *pied à terre*
à celui qu'il avait déjà stipulé au milieu de
nous (1). « Sans un petit grain de sable qui
« se mit dans son urètre, il allait enfin, dit
« Pascal, ravager la chrétienté. »

Buonaparte fit bien autre chose : il avait
plus de ressources et moins de prudence.
En temps de paix, son ministre des affaires étrangères était le *préfet de police* du

____

(1) Cromwell prit Dunkerque à la France, et il voulait
avoir Calais.

monde, et il avait des ambassadeurs pour commissaires. Il extorquait des concessions ou des abdications (1) *volontaires*. Il stipulait par toutes les cours de l'Europe, l'or, les provinces, les *blocus*, les guerres, les couronnes et jusqu'à l'amour (2).

Sa prétention était de singer la république romaine, qui ne voulait rien moins que des *rois pour instrumens de sa tyrannie* (3); seulement il avait de particulier de ne choisir ses rois que dans sa famille naturelle ou adoptive, et de faire en dix ans ce que Rome avait mis des siècles à faire (4).

Les hostilités suivaient de près les résistances. Et quelles hostilités, grand Dieu! les hommes et jusqu'aux siens, ne sont à ses yeux que de la *chair à canon;* et la politique *c'est jouer aux hommes.* Il ordonnait aux armées de mourir, comme au sucre de croître. La guerre, que le christianisme avait, si on

---

(1) Il y a lieu de croire aujourd'hui que Buonaparte força même le roi de Suède à l'abdication.

(2) Il imposa successivement aux rois légitimes le mariage de sa sœur Pauline, de son beau-fils Eugène, de sa nièce, d'un de ses frères et de lui.

(3) *Ut haberet instrumenta servitutis et reges.* (Vie d'Agricola.)

(4) Il disait qu'avant dix ans, sa dynastie serait la plus ancienne de l'Europe.

peut le dire, humanisée, est redevenue, par lui ou à son occasion, atroce comme au temps de l'ancien paganisme ou dans le nouveau ; et il était si visiblement la revenue *d'Attila*, qu'un philosophe l'a peint sous ses traits, et qu'il s'y est réconnu (1).

Buonaparte ne sévissait pas seulement sur les souverains européens par leurs peuples ; il les attaquait immédiatement, et si ce n'est lui, un roi à ses yeux n'était pas différent d'un homme. Il s'est constitué le geôlier du roi d'Espagne, qui n'était pas d'avis de lui *octroyer* la couronne fondée par Ferdinand et Isabelle et illustrée par Philippe II. Il s'est fait le bourreau du souverain pontife, qui ne voulait pas, comme père commun des chrétiens, concourir à une guerre dont ils ne pouvaient manquer d'être les victimes tous (2). Les prétendans à la couronne

---

(1) Buonaparte se reconnut aussi dans le *portrait de Néron* que M. de Chateaubriand inséra dans le *Mercure*, au mois de juin 1807, au point d'en vouloir, dit-on, *faire sabrer l'auteur dans la cour des Tuileries.* Si une *Histoire de Cromwell*, qui a tant de rapport avec la sienne, eût paru sous son règne, je sais ce qui serait arrivé à l'ouvrage ; j'ignore ce que l'auteur eût éprouvé.

(2) *Considérant*, dit son décret à cet égard, *qu'il a constamment refusé de faire la guerre aux Anglais!!*

avec laquelle il accapare les autres, il ne se contente pas du maintien ou du renouvellement de la loi qui les proscrit à jamais du sol de la patrie; il les épie en pays étranger, les enlève la nuit, les fait condamner par un exécuteur et fusiller par un *conseil de guerre*, sauf ensuite, par une atroce ironie, à expédier des lettres de grâce sur le tombeau (1).

Partout enfin où, comme au *Bas-Empire*, la souveraineté a résidé dans l'élection, les souverains se sont succédés comme les flots de la mer, et comme eux ils ont dévoré le rivage.

Ils ont fait davantage encore ; alors que par la mort ou par leur propre faiblesse, ils ont senti s'échapper de leurs mains la couronne, ils ont employé le peu de force qui leur restait à choisir des successeurs qui les fissent regretter, et ils cherchèrent à racheter leurs crimes par ceux de leurs successeurs : de sorte que, ne se trouvant pas dans les fils, l'hérédité se trouvait dans les tyrans. Ainsi, il n'y a qu'une chose de pire qu'une première

______

(1) Quelques années avant, un complot fut découvert qui avait pour but d'empoisonner la famille royale toute entière à Varsovie, où elle avait fixé sa résidence : *cui bono?*

usurpation, c'est la seconde ; et les peuples sont si malheureux hors la royauté héréditaire, qu'ils sont réduits à bénir leur bourreau présent, dans la seule crainte du bourreau qui le suit.

Tels sont, pour les citoyens et les sociétés, les maux épouvantables qui sont le fruit de l'usurpation. Qu'importent aux usurpateurs les calamités publiques? Mais il faut l'apprendre à ceux qui seraient tentés de le devenir. Les usurpateurs, et leurs complices avec eux, ne commettent pas un crime qui ne retombe sur eux-mêmes, et tous leurs attentats sont les élémens de la foudre qui doit les écraser !

Les premiers et les plus inévitables châtimens d'un usurpateur, sont le remords et la terreur. L'un ne peut que se supposer, mais l'autre se prouve. Domitien, qui avait usurpé l'empire sur le cadavre de Tito, et qui avait, comme tyran, tous ses sujets pour ennemis, avait imaginé d'environner de glaces la galerie de son palais où il se promenait ordinairement seul, afin d'être averti des venans par la réflexion de la lumière.

Cromwell tenait son armée près de Londres. En outre deux gardes nombreuses veillaient auprès de lui. Il avait fait faire un grand nombre de chambres au palais de Vhitehall, sur la Tamise, chacune avec une trape de communication avec la rivière ; il se déshabillait et se couchait toujours seul, et jamais deux fois de suite dans le même lieu. « Il « portait sous ses vêtemens une cuirasse, des « pistolets et des poignards. Il changeait et « mêlait sa route. » Les terreurs de l'homme rejaillissaient sur sa famille : cette mère à laquelle pourtant il avait refusé la grâce de son roi, ne pouvait entendre le bruit d'une arme sans s'écrier : *mon fils est mort!*

On sait que Buonaparte, qui se faisait jour et nuit escorter presque corps à corps par des mamelucks, n'allait qu'en voiture fermée et le corps cuirassé, et ne sortait jamais qu'aux jours, comme il n'allait et ne restait qu'aux lieux différens de ceux présumés ou annoncés dans le public. J'ai ouï parler quelquefois de son courage à la guerre ; mais on a évidemment confondu le général avec l'armée; car qu'est-ce que la valeur d'un homme qu'on voit fugitif de tous les lieux où sa tête pouvait se trouver en péril ? fugitif de l'Egypte, fugitif de l'Espagne, fugitif de la Russie, fugitif de Léipsic, fugitif de Waterloo.

On obéit aux usurpateurs, mais les bons comme *à un fléau de Dieu* pour leurs prévarications, les méchans comme à une nécessité pour leur lâcheté ou à une garantie pour leurs crimes. On dépose à leurs pieds de l'or, des bras, de l'adulation, des faits enfin, jamais des volontés. Les grands cœurs leur distillent des mépris, le reste leur voue de la haine. « Comme on annonçait un jour *les* « *princesses du sang* à la cour de Buonaparte, « quelqu'un ajouta : *du sang d'Enghien!....* En « effet, tel avait été le baptême de cette nou- « velle dynastie (1). » Jamais hommes n'eurent plus d'ennemis naturels ou personnels que Cromwell et Buonaparte : je le crois bien, ils froissaient à la fois et la légitimité et la révolution. Jamais souverains n'eurent plus qu'eux à se défendre en secret par *la police*, et publiquement par de la *garde* contre les complots (2) et les attentats. Jamais police ne fut

---

(1) Cela rappelle l'inscription naïve ou hardie (peu importe) qu'une corporation de bouchers plaça sur un arc de triomphe qu'elle élevait à Buonaparte à son passage en Belgique :

Les *petits bouchers* de Gand
A Napoléon-*le-Grand.*

(2) Buonaparte, qui les cachait, en avoue trente réglés. (Voir le *Mémorial de Sainte-Hélène.*)

aussi mieux organisée ni garde plus dévouée que sous leur empire. Le ministre de la police de Buonaparte était de fait son premier ministre, et le souverain traitait souvent égal à égal avec ses grenadiers.

Les usurpations aussi ne sont pas de longue durée. Avec le système de l'élection populaire, nous retombons sur le terrain turbulent de l'égalité et dans le sang du combat; et si nous nous retrouvons après cela sous l'inévitable *empire* de la victoire, c'est-à-dire avec la souveraineté, comme elle ne date que d'aujourd'hui, et qu'hier nous l'avions pour semblable, nous ne sommes jamais sûrs de la posséder demain. Comment prendre sur soi de respecter, de reconnaître, de vénérer, de défendre de son sang, pour maître celui-là que nous avons vu notre égal, et peut-être notre inférieur; qui pour croître a germé dans le sang; qui, lors de son élévation, a eu la moitié de ses concitoyens pour ennemis, et qui depuis peut les demander pour victimes? Le pouvoir acquis par le crime, dit le plus grave des historiens romains, ne s'est guère un moment conservé que par le crime.

Les empereurs romains le plus favorisés de la fortune régnèrent quelques années.

Beaucoup n'en régnèrent pas une, et plusieurs ne furent respectés que quelques jours.
Buonaparte ne domina que douze années ; et
le plus heureux de tous, Cromwell, qui garda
pendant dix ans le *protectorat*, et qui avait
deux fils, mourut à 55 ans, et ne put transmettre à sa postérité que le droit de vendre, quelques jours après sa mort, ses droits au trône
qu'elle ne pouvait pas atteindre, moyennant
200,000 livres sterling.

Quand l'usurpation, comme une fois, a
paru fonder une dynastie, elle n'a pas eu un
demi-siècle de durée : les usurpateurs danois
du trône d'Angleterre furent chassés après
quarante ans par le courage d'Edouard *le
confesseur*, né de la race qu'ils avaient exclue.

Mais la destinée des usurpateurs ne se réduit pas à régner peu de temps : alors qu'ils se
succédaient le plus rapidement, comme chez
les Romains dégradés, ils mouraient presque
tous de mort violente. Cela se conçoit ; le
successeur était d'ordinaire le meurtrier,
c'est à dire qu'il avait un titre de plus pour
être victime à son tour ; de façon que le
crime ne faisait qu'appeler le crime.

L'homme qui, au 19° siècle, semblait
n'avoir *détrôné que l'anarchie*, et était venu à

bout, par une suite de prestiges, de s'allier
à la plus illustre famille souveraine, après celle
dont il occupait la place, ignominieusement
vaincu, s'est vu transporter de la plus magnifique contrée de l'Europe à l'extrémité
de l'univers, dans une île stérile et sauvage,
pour y mourir dans la force de l'âge, privé
de ses plus chers amis, de sa famille, de son
épouse et de son fils, empêché même de
correspondre avec eux, et gardé à vue et
perpétuellement, et peut-être même tyran-
nisé par des agens militaires du plus grand et
du plus acharné de ses ennemis !

La haine des peuples poursuit les usurpateurs jusque par de-là la tombe; car alors
seulement

> Le masque tombe, l'homme reste,
> Et le héros s'évanouit.

Le cadavre de Cromwell, embaumé, exposé
deux mois au milieu de mille flambeaux, à côté
d'une effigie tenant d'une main un sceptre et de
l'autre un globe, et enterré en 1658, avec le
magnifique cérémonial romain employé pour
Philippe II, dans le lieu de la sépulture des
rois, fut exhumé deux ans après, traîné sur
la claie, pendu et enseveli au pied du gibet,

et son fils obligé de recourir au Parlement pour n'être point incarcéré à la requête des fournisseurs de ces funérailles. Une partie des parens de Cromwell disparut; le reste changea de nom pour échapper à l'exécration publique, que deux siècles écoulés depuis ont ratifiée.

Et la mort de son imitateur, et même sa chute, ont été pour le monde entier le signal d'une explosion de haine, et quelquefois même d'injustice que dix années, chez un peuple qui oublie tout, n'ont pas refroidie.

Ainsi, les usurpateurs ne meurent pas tout entiers comme le vulgaire ;

> Mais ce n'est qu'en léguant des forfaits à l'histoire,
> Qu'ils sont échappés à l'oubli.

Les exécrations des contemporains seraient peu proportionnées au forfait de l'usurpation ; il lui faut celle de la postérité.

Nous avons fait voir l'odieux caractère et la tyrannie cruelle de Buonaparte.

Il ne servirait de rien, pour atténuer l'horreur que cet homme inspire, de signaler dans ses paroles ou dans sa vie, quelques opinions vraies ou quelques actes de probité, de bienfaisance ou de courage. Quelque profondément corrompu qu'il soit, un homme ne saurait, sans mourir, exprimer sans cesse la corruption. Néron lui-même fit un grand nombre d'actions vertueuses; et s'il fallait excuser de grands coupables pour avoir été quelquefois honnêtes, il faudrait les absoudre tous.

Buonaparte, dans son fameux *Mémorial*, s'excuse de sa tyrannie *sur la pureté de ses intentions*. Il était *de bonne foi?* Sans doute. (On voit que les grandes concessions ne nous épouvantent pas.) Mais s'ensuivrait-il l'affaiblissement de l'horreur de la tyrannie? pas le moins du monde. Le plus grand mal touche immédiatement au bien le plus grand, précisément parce qu'il en est le contrepied. Plus un homme est criminel, et plus il s'imagine ne l'être pas. Il se croit même vertueux, et, qui le sait? saint. Pour ne citer que des exemples pris dans le sujet que je traite, Robespierre, qui envoyait les hommes à la boucherie, et Louvel, qui poignardait les rois, protestèrent de leur innocence. Si le grand criminel se voyait ce que les honnêtes gens le voient, il ne se résoudrait jamais à l'être. L'homme ne veut pas *sciemment* son mal, quand il le veut, la volonté chez lui est la conséquence de la passion; *l'esprit a été la dupe du cœur* (1).

C'est pour cela que la *bonne foi, l'intention, la pureté* même des motifs n'excusent point, et que *l'institution du juri*, fondée sur le principe contraire, est une institution fausse, et qui tombera d'elle-même ou qu'on fera tomber. Si la nature avait voulu que la *bonne foi* empêchât le crime d'être, elle l'eût fait *voir*, et précisément elle l'a cachée ; et non seulement pour autrui, mais pour celui-là même dans lequel on la suppose. Que l'homme en effet sonde ses reins, et il verra que souvent il ne lui est pas possible de *démêler* ses propres intentions. Les faits, au contraire, les *actions* humaines sont palpables : c'est par eux seulement qu'il faut juger l'intention. Et cela est très-fort dans l'humanité. «Car enfin » (c'est Pascal qui le dit quelque part très-bien), «l'in«tention de celui qui blesse ne soulage point «celui qui est blessé. Il ne s'aperçoit point «de cette direction secrète, et il ne sent que «celle du coup qu'on lui porte (2). Et je ne

___

(1) La pensée est de Larochefoucauld, qui n'en a point de meilleures et de mieux exprimées.

(1) Que faisaient à la mère à laquelle on enlevait ses enfans les *intentions* de Buonaparte ?

« sais pas même si on n'aurait pas moins de
« dépit de se voir tuer brutalement par des
« gens emportés, que de se sentir poignarder
« consciencieusement par des gens dévôts. »

Le crime dans la révolution n'a pas seulement eu son effet sur la victime, il l'a eu sur ses auteurs : les jacobins en général (les *Mémoires* des plus fameux d'entre eux viennent chaque jour nous le révéler) ne se sont-ils pas engraissés d'or aussi bien que de pouvoir? Il est arrivé à quelques-uns, je ne l'ignore pas, de se trouver à leur tour les mains vides. Mais c'est que, semblables aux harpies de la fable, les mauvais sujets augmentent leurs besoins avec leurs déprédations, et sont comme l'aigle qui, emportant des viandes de l'autel de Jupiter, emporta aussi le charbon qui mit le feu à son nid.

Ainsi, alors même que les *intentions* de Buonaparte auraient été pures (ce que bien des gens certainement révoqueront en doute), leur allégation comme excuse ne serait qu'une sottise. Mais comment qualifier cette proposition que la France a lue en toutes lettres, dans le *Mémorial* écrit sous les yeux de Buonaparte, et peut-être sous sa dictée : « *Si j'ai à craindre un reproche de*

« *l'histoire*, *ce ne sera pas d'avoir été trop*
« *méchant, mais peut-être d'avoir été trop*
« *bon......* » Buonaparte a-t-il cru racheter
son despotisme inouï par une audace plus
inouïe encore ?

Si encore nous n'avions à réfuter que
l'objection des *bonnes intentions* de Buonaparte ! mais n'avons-nous pas à répondre
à l'objection de ses apologistes ?

Qu'au temps de sa puissance un tyran
soit loué par ses serviteurs, on le conçoit :
alors la reconnaissance se fait flatteur. Il n'y
a rien que de naturel.

Un homme de l'empire avait sur son bureau
le buste et le *code de la conscription* de Buonaparte, avec cette épigraphe : *Voilà mon dieu
et ma loi*. Les députés de Cromwell avaient
fait mieux en 1653 : à sa présence et à son
discours d'ouverture du *Parlement*, il y en
eut *qui affirmèrent que dans tout le cours de
leurs exercices de piété, ils n'avaient pas encore
autant joui de la présence de Jésus - Christ*.

Il fut même un moment où Buonaparte
put être loué par des honnêtes gens , ce fut
celui où l'autorité religieuse, forcée, devant
des succès effroyables, par des motifs dont
elle ne doit compte qu'au Dieu dont elle est

le mandataire dans le temps et que nous devons respecter, le toléra elle-même jusqu'à nouvel ordre de la Providence.

Mais depuis que trompant tous les espoirs qu'avaient fait concevoir quelques-unes de ses actions premières, cet homme foula impitoyablement aux pieds les plus sacrés droits de l'État et de l'Église, et que les Français ne devinrent plus en ses mains que d'immenses projectiles qu'il lançait à son gré sur ses ennemis; depuis surtout que placé par l'autorité européenne hors la société qu'il avait trahie, il est revenu avec autant d'ingratitude que d'audace, tenter une seconde fois le despotisme de la chrétienté, il n'est plus permis de le louer qu'à ceux qui le pleurent (1). Seulement, je conseillerai aux amis particuliers du héros de Sainte‑Hélène, d'être circonspects dans leurs panégyriques; car si, comme cela est arrivé à l'un d'eux (2) ils s'avisent d'écrire « *qu'ils ne* pensent pas que quelqu'un osât

---

(1) Et encore aux enfans (car cela m'est arrivé à moi‑même) : c'est une si belle chose qu'un homme de bruit pour l'imagination ! Et cela ne tire pas à conséquence.

(2) Dans le *Mémorial de Sainte‑Hélène.*

« aujourd'hui écrire sérieusement que Buo-
« naparte était un méchant homme, sans
« s'exposer à se voir rire au nez; » si surtout ils s'avisent d'appeler Buonaparte *un
grand martyr*, et de mettre ainsi Buonaparte
sur la ligne de Louis XVI, ils tombent dans
le ridicule dont ils menacent les autres, et
le poison se trouve neutralisé par lui-même.

DEUXIÈME PARTIE.

TANDIS qu'un étranger s'essaie à l'usurpation par l'impiété, la révolte et la méchanceté, et qu'il y parvient, du milieu du choc des partis, avec tous les genres de faiblesse et de tyrannie, l'enfant-roi naît au sein de l'allégresse publique, et se trouve d'abord avec tous les moyens, puis avec tous les avantages de la force, de l'intelligence et de la bonté.

C'est de nos jours seulement, et dans des siècles de révolte et de régicide, qu'on a révoqué en doute la capacité des rois légitimes. Si on entend par capacité le *génie des révolutions* ou des conquêtes, ah! sûrement les rois ne l'ont pas. Mais l'intelligence du Dieu *par la grâce duquel* ils gouvernent; mais celle des droits de l'autorité religieuse et de la leur; mais celle de leurs devoirs de soutenir cette double autorité, de se donner des auxiliaires éclairés et honnêtes, de réprimer les méchans, et de respecter et récompenser les bons, ne leur a presque jamais manqué (1).

Il ne faut pas s'en étonner : cette sorte de lumière n'est refusée à personne. C'est le moyen de se conserver. Elle est le fruit de la vertu, et la seule condition requise pour en être doué est de la vouloir. A la différence de la royauté, elle n'est point *native*, mais *dative*. C'est l'éducation, c'est la parole, c'est surtout l'exemple (qui est aussi une parole et la plus expressive de toutes), qui en sont le principe : toutes choses qu'aux cours même le moins sévères un enfant-roi a, je pense, mieux que personne. Les usurpateurs n'ont pas eu des hommes comme Montausier ou Beauvillers pour gouverneurs,

____

(1) Beaucoup de rois légitimes, et surtout dans les nôtres, ont eu de très-grandes lumières dans ce qu'on appelle les sciences. Alfred-le-Grand et Charlemagne ne le cédaient en rien aux savans de leur temps. Stanislas Ier dans le siècle dernier, et Louis XVIII dans le nôtre, avaient une littérature peu commune. Mais alors même qu'il n'a pas le génie des sciences, un prince légitime a davantage ; car il a le pouvoir de le faire naître, et la gloire d'en recevoir l'hommage ; et il suffit d'ailleurs à un roi de reconnaître et de protéger une grandeur pour la surpasser.

ni pour maîtres des génies de la force de Bossuet et de Fénélon.

Et qu'on ne dise pas que les faits contrarient, ils confirment tous la doctrine! On parle de quelques rois *fainéans* en France dans le cours de quatorze siècles; au moins la liberté n'a-t-elle pas grand chose à redouter avec de tels rois! Mais au fond, qu'on ne voie pas perpétuellement le petit nombre de rois fondateurs, et on ne trouvera pas tant de rois *fainéans*. Sans Clovis, Charlemagne et Philippe-Auguste, je doute beaucoup que Dagobert, Charles-le-Simple et les Valois fussent si fort décriés.

Tenons-nous-en aux siècles que nous connaissons le mieux, et nous verrons des suites, des lignées étonnantes de grandeur dans les rois. Les quatre premiers rois de la deuxième race, Pépin d'Héristal, Charles Martel, Pépin-le-Bref et Charlemagne paraissent tous de plus en plus forts; et, à reprendre les choses au seizième siècle, quand on voit se succéder presque sans interruption Henri IV, Louis XIII, Louis XIV, le premier *duc de Bourgogne*, Louis, père de Louis XVI, et le second duc de Bourgogne son fils (car apparemment on a bien le droit

de compter parmi les rois trois grands hommes destinés à l'être), on se trouve obligé
de dire que , dans cette race-là, le fils semble toujours digne du père et quelquefois
au-dessus de lui.

On objecterait en vain l'inconvénient de
la minorité possible du dauphin à la mort du
souverain ; le roi mineur ne gouvernant pas,
mais le régent, on n'a pas à redouter les
enfantillages du roi. Si ce roi, tant qu'il est
en minorité, paraît dangereux, il y a un
moyen tout-simple de s'en consoler, c'est
de supposer qu'il n'existe pas. Au reste, les
exemples sont heureux : dans toute la suite
des rois de France, il n'y en a qu'un très-
petit nombre de mineurs à leur avènement,
et encore, la plupart avaient plus de dix
ans, ou se trouvent avoir été, dès leur minorité, les plus grands de nos rois : c'est Philippe-Auguste, saint Louis, Louis XIII et
Louis XIV.

En même temps que les princes héréditaires ont de très-beaux génies, ils ont aussi
des vertus éminentes. Il faudrait un livre entier pour rendre les admirables traits de leurs
vies. Ce Louis XIV, dont le cœur nous semble si haut, et dont la cour était si magnifique,

donnait pourtant lieu de dire à un grand poëte et à un homme vrai dans une invocation à Dieu :

> Tu le vois tous les jours devant toi prosterné,
> Humilier ce front de grandeur couronné,
> Et confondant l'orgueil par d'illustres exemples,
> Baiser avec respect le pavé de tes temples.

Les derniers Bourbons semblent encore, s'il est possible, plus religieux que leurs ancêtres. Louis XVI est mort en martyr (1). Mgr le duc de Berri, dont la fin fut aussi si chrétienne, donna à son auguste frère le nom de *saint*; et le roi que nous venons de perdre ne cessait, dans ses souffrances, de baiser le signe de salut, en disant avec un accent sublime : *Mon Dieu, mon Dieu, mon Sauveur, ayez pitié de moi!*

Cet orgueil infernal qui caractérise l'usurpateur est étranger à un roi héréditaire. Le trône, tout magnifique qu'il soit, ne saurait

---

(1) C'est à une femme que nous devons cette sublime vérité et ces beaux vers :

> « Le Temple est ébranlé comme au bruit de la foudre...
> « Edgerworth, à genoux, saisi d'un saint respect,
> « Fut lui-même troublé par ce divin aspect,
> « Et prêt à l'implorer, oubliait de l'absoudre. »

l'enorgueillir. S'il est chrétien, il sait qu'il ne le doit qu'à la bonté de Dieu; s'il ne l'est pas, il voit du moins qu'il ne le tient pas de la supériorité de son génie : pour l'avoir, il n'a eu besoin que de naître.

Ce Charles Ier, roi d'Angleterre, il fallait qu'il fût bien débonnaire, puisqu'il fut reconnu, jusque par l'usurpateur de son trône et son assassin, *le cœur le plus droit, l'homme le plus consciencieux des trois royaumes.* On sait que ce roi disait à son fils : « J'aimerais « mieux qu'on vous appelât *Charles-le-Bon* « que *Charles-le-Grand.* » Ce n'était pas un roi d'orgueil que ce saint Louis, qui refusait pour son frère l'empire d'Allemagne, comparaissait à une assemblée de grands une couronne d'épines sur la tête, et faisait des pélerinages nu-pieds. Louis XIV, le seul dont le caractère paraîtrait moins susceptible d'humilité, faisant une campagne avec Condé, lui laissait la seule maison qu'il y eût dans le lieu; « *Je ne suis que volontaire,* disait-il, *je ne souffrirai pas que mon général soit sous la toile tandis que j'occuperai une habitation commode.* » On lit *la Vie des trois dauphins* (1)

---

(1) Par Proyard.

comme on lirait *la Vie des Saints*. Ils vou-
laient que leurs enfans fussent conduits chez
le pauvre, et *qu'ils apprissent à pleurer*. L'un
d'eux s'interdit à jamais la chasse, pour y
avoir blessé un écuyer.

Les jeunes Bourbons avaient beaucoup de
bonté, les autres en ont eu trop. Louis XVI
priant la noblesse et le clergé de se réunir au
Tiers en 1789, disait : *Quant à moi, je suis décidé à tous les sacrifices. A Dieu ne plaise qu'un
seul homme périsse pour ma querelle!* M^r le duc
de Berri demanda jusqu'à son dernier soupir
la grâce de son meurtrier.

Dans une chasse, Louis XVIII fit défense
à son cocher de traverser un champ nouvel-
lement défriché. « *Il ne faut pas*, dit-il, *pour
hâter nos jouissances, fouler aux pieds les sueurs
du malheureux.* » Et ce même roi, frappé de
la maladie qui devait le conduire au tombeau, refusa long-temps de se mettre au lit,
en disant : « Si je me déclare malade, on
« fermera la Bourse et les lieux publics ; il y
« aura beaucoup d'intérêts lésés..., peut-être
« la ruine de quelques familles, *et tout cela
« pour moi.* Non, je ne me mettrai point au
« lit. » Lorsqu'à la fin le mal l'emporta, le
roi dit à M. Portal, qui voulait le veiller :

J'espère que vous irez dormir, vous; votre vie est trop précieuse à l'humanité. Il faut un Bourbon pour dire à un général heureux et fidèle qui se présente : *Général, votre coup de canon retentit encore;* et pour s'écrier, en lisant les *bulletins* des victoires remportées sur ses alliés par ses sujets : *Ce sont toujours mes enfans, les dignes sujets enfans d'Henri IV...*

Mais c'est aux jours d'adversité ou de péril qu'il est bon de voir des rois légitimes, et surtout des Bourbons, pour les surprendre rois. Tous furent vaillans, et quelques-uns héros. La vaillance personnelle de François Ier et de Henri IV est devenue proverbiale, au point que lorsqu'on cherche des hommes vaillans, ce sont ces hommes-là qu'on se représente. Le courage, que j'appellerai *civil,* n'est pas même étranger aux princes héréditaires : c'était un prince de cette sorte que cet Alphonse, roi d'Espagne, qui, à la vue d'un bateau sur le point de submerger, et de gens qui hésitaient à lui porter des secours, sauta dans une chaloupe en disant : *J'aime mieux être le compagnon que le spectateur de leur mort.*

La patience des princes légitimes dans les adversités les plus inouïes surpasse, je crois,

tout ce qui existe. A son retour de la Terre-
Sainte, saint Louis, disait au roi d'Angleterre
à Paris : «Qu'il s'estimait plus heureux d'avoir
« souffert avec résignation tous les malheurs
« de sa croisade, que s'il eût soumis le monde
« entier à ses lois. » Il fallait que ce grand
homme fût bien magnanime dans les fers,
puisque les musulmans, ses vainqueurs, se
trouvaient dans le cas de lui dire : « Nous te
« regardions comme notre captif et notre
« esclave, et tu nous traites, étant aux fers,
« comme si nous étions tes prisonniers ! »

Un *Charles*, roi des Deux-Siciles, prisonnier, apprenant qu'il était condamné à mort le
vendredi saint, se félicita de mourir *le même
jour que J. C.*; et Louis-le-Grand, pour lequel
tant de malheurs succédèrent à tant de pros-
pérités, écrivait à Villars : « Dieu me punit,
« je l'ai bien mérité ; j'en souffrirai moins dans
« l'autre monde. »

Lorsqu'à la faveur du luthéranisme et de la
philosophie, s'est introduit en Europe une
sorte de *droit nouveau* de crimes à l'usage des
peuples contre les rois, l'héroïsme a moins
encore manqué à ceux-ci. Le comte de Kent,
préposé à l'exécution de Marie-Stuart, in-
sultant le crucifix qu'elle avait à la main, sur

l'échafaud. — « C'est dans le cœur, lui dit-
« elle, qu'il faut porter J. C. *Quand on a*
« *son image sous les yeux, son amour s'allume*
« *plus aisément dans le cœur.* » Soit dit en passant, par ce seul mot, *la sainte reine* réfutait la
réforme qui ensanglantait sa patrie. Du reste,
elle ne voulut pas que le bourreau la désha-
billât. — *Je ne suis pas accoutumée à me faire*
servir par de tels gentilshommes.

La constance de Charles Ier dans son supplice est magnanime ; ce qui a fait dire que
les Stuarts soutenaient leurs malheurs mieux
que leur prospérité.

Mais il n'y a rien au monde qu'on puisse
comparer à la longanimité de Louis XVI
dans le malheur. M. Desèze lui lit le discours
qu'il a composé pour sa défense devant ses
juges. — *Il faut supprimer la péroraison*, dit
le roi, *je ne veux pas les attendrir.* Ce fut pour
le même motif qu'il refusa à Cléry de laisser
sa barbe le jour qu'il comparut à la Convention. Il apprit lui-même sa condamnation
à sa famille, soupa peu, mais de bon ap-
pétit, et se coucha comme de coutume.
Lorsqu'on lui refusa un couteau à sa table,
il dit : « *Me croirait-t-on assez lâche pour me*
détruire ? » Cléry l'éveilla à cinq heures pour

l'habiller; il entendit la messe, où il communia. Arrivé sur l'échafaud, il hésitait à permettre au bourreau de lui couper les cheveux et de lui lier les mains : *Je suis sûr de moi*, disait-il. Mais son confesseur lui ayant dit que *c'était son dernier sacrifice, et un trait de plus de ressemblance avec J. C.*, il accepta le calice amer, et mourut en disant : *Je pardonne à mes ennemis; je désire que ma mort soit utile au peuple, et que la France.......* Roi malheureux et bon, la France a facilement suppléé à ce que la mort vous a empêché de finir, et le ciel, nous le savons, a exaucé votre vœu !

Lorsque Mgr le duc de Berry, à la fleur de l'âge, à l'aurore du bonheur, au sein des plaisirs de la capitale, à côté d'une épouse féconde et chérie, fut atteint d'un fer athée, les douleurs morales les plus profondes, les crises physiques les plus terribles ne l'empêchèrent pas un moment de penser à toutes les sortes de devoirs, et de les remplir tous.

Le premier mot du prince frappé est pour demander *un prêtre*. Après avoir songé à Dieu, il songe à sa patrie, à sa famille, à ses amis, à ses serviteurs, et jusqu'à son bourreau. Il conjure sa femme de se retirer :

(48)

« *Ménagez-vous, ma chère Caroline, songez à*
L'ENFANT *que vous portez dans votre sein.* »
Lorsqu'on lui amène MADEMOISELLE, il
étend sur elle ses mains défaillantes, —
« *Puisses-tu, cher enfant,* dit-il, *être plus heu-
reuse que ceux de ta famille !* » Son cher Nan-
touillet était auprès de lui, accablé par le
désespoir. « *Viens, mon vieil ami, que je
t'embrasse encore une fois.* » Le docteur Bou-
gon a sucé la plaie, « *Que faites-vous, mon
ami,* dit le prince, *le poignard était peut-être
empoisonné.* » Voilà du courage ou de la
bonté, voici de l'héroïsme. Le roi arrive
pour présider l'assemblée de douleur ; du
plus loin que le mourant l'aperçoit : « *Grâce !
Grâce !* s'écrie-t-il, *pour la vie de l'homme !* »
— « *Mon fils,* lui répond Sa Majesté, *nous
songerons à cette demande lorsque vous serez
mieux.* » — « *Le roi ne dit pas oui,* ajoute le
prince ; *la grâce de la vie de l'homme eût pourtant adouci l'amertume de mes derniers momens !* » Et puis on recueillit ces mots
entrecoupés : « *Ah!.... du moins si j'empor-
tais l'idée.... que le sang d'un homme.... ne
coulera pas à mon sujet.... après ma mort....* »

La mort, au lieu d'appeler les Bourbons à
l'échafaud, ou de les épier en chemin, les

surprend-elle dans leurs palais? le courage
ne change pas; on les entend dire : *Un roi
peut mourir, mais ne doit jamais être malade...*
Et si des sujets fidèles prennent de déli-
cates précautions pour ne pas effrayer leur
prince, celui-ci s'écrie : *Je n'ai pas peur de la
mort, il n'y a qu'un mauvais roi qui ne sache
pas mourir.*

Mais si ces rois légitimes ont éminemment
les avantages de la nature, il ont surtout
ceux que j'appellerai de condition. Alors
même qu'ils viennent au trône jeunes, ils y
apparaissent rois.

Il n'y a rien au monde qui ne s'acquierre, et
qui ne s'acquierre avec l'habitude; et si cela
n'était vrai que d'une science, ce serait de
celle du gouvernement : on peut dire que
gouverner, c'est avoir gouverné. Né dans la
grandeur, élevé dans la grandeur, élevé pour
elle, lorsque l'heure de régner est arrivée,
on peut, sans leçons de théâtre, la donner de
suite à la royauté. L'enfant-roi n'a pas plus
besoin d'essayer la souveraineté, que d'en
essayer les *mœurs* et les hommages. Dès avant
son avènement au trône, il habitait le palais
des rois; il embellissait leur existence, il
participait à leurs honneurs, il les conseil-

(5o)

lait dans leurs volontés; il régnait, à vrai dire, avec eux. Ce n'est point assez encore; quelquefois, dès avant leur avènement au trône, les princes légitimes en ont reçu les droits les plus éminens, et rempli les plus sacrés devoirs. Aux premiers jours de la restauration de la monarchie française, MONSIEUR, aujourd'hui roi, fut pour nous le *lieutenant de roi*, et comme on l'a dit avec bonheur, le *messie de la légitimité*.

Lorsque naguère, chez un peuple allié, des sujets d'un roi bon s'étaient arrogé comme un droit le crime de lui imposer des conditions, et même de lui ôter la liberté, en attendant peut-être le moment de lui ôter autre chose, et de montrer au monde le spectacle effrayant d'un triple régicide, le *neveu* d'un roi grand par l'âme, mais empêché par la nature, à la tête d'une armée toujours glorieuse mais alors fidèle, a traversé en un moment des royaumes; et s'offrant corps à corps avec le péril, n'a eu besoin que d'*arriver*, de *voir*, et de *vaincre* pour éluder une anarchie et rétablir une royauté.

Le dauphin qui succède au trône n'est pas, lui, troublé par la crainte, ou bourrelé par le remords : il ne fait qu'accepter, ou peut-être subir une coutume aussi vieille et aussi nécessaire que la monarchie, et qui, pour parler comme Jérôme Bignon : « *Est plus forte que la loi même, cette loi ayant été gravée non dans du marbre et du cuivre, mais dans le cœur de tous les Français.* » Henri IV et Mgr le duc de Berry se confondaient seuls parmi le peuple ; et quand le poignard d'un fanatique ou d'un athée en a voulu à leurs cœurs, il les a trouvés ouverts (1). Qu'est-ce après tout qu'avec la vie, fût-il exilé, pourrait perdre un roi légitime *qui a une famille?* Lorsque Louis XVIII étant à Dillingen, le 19 juillet 1796, la balle d'un missionnaire de régicide effleura son crâne, et que le duc d'Avaray lui eut dit : « *Ah! sire, une ligne plus bas.* — *Eh! bien,* répond Louis, *le roi de France se serait nommé Charles X.*

L'usurpateur le plus naturellement despote a des *devoirs* à remplir, parce qu'il a des antécédens à ménager ou des services à reconnaître envers la démocratie dont il a

---

(1) A l'horrible journée du 20 *juin*, Louis XVI se présenta aux brigands ; et comme quelqu'un ne pouvait croire à tant d'héroïsme, le roi, mettant la main d'un grenadier sur son cœur : *Dites à cet homme s'il bat plus vite qu'à l'ordinaire!*

été le partisan ou dont il est l'héritier. Le roi légitime n'est lié que par des vertus, et n'a que des *grâces* à accorder, parce qu'il ne doit rien qu'à la Providence.

Le passé comme l'avenir lui sont à secours, *l'histoire de France*, je dirai même l'histoire européenne, n'est que *l'histoire de la maison de Bourbon*, et presque toujours, l'histoire de leur sagesse, de leurs vertus, de leur dévouement à la religion et à la patrie, et de leurs gloires.

Les Bourbons ont soutenu la couronne avant de la porter. Ils obéirent avant de commander; et Pierre et Louis de Bourbon étaient morts pour les Français aux journées de Poitiers et d'Azincourt, avant que les Français mourussent pour eux. Leur vieille devise (1) était *bonté et valeur*, et jamais ils n'y ont manqué. Clovis avait ébauché et Charlemagne avait fondé la France. Les descendans de Hugues Capet, et parmi eux les Bourbons plus que tous les autres, l'ont faite ce que nous l'avons vue, et ce que nous la reverrons encore, le modèle, et, si on

---

(1) On dirait que la vérité se cache jusque dans le jeu des lettres : *orbi bonus* est l'anagramme de *Borbonius*.

peut le dire, le type du gouvernement social. Les rois de France ont toujours été les *fils aînés de l'Église* et leur royaume *le royaume très-chrétien*. Ils se sont montrés constamment les protecteurs-nés de l'humanité et de l'indépendance dans la guerre, et dans la paix, des belles-lettres et de la liberté.

L'histoire n'a signalé que Louis XI pour tyran dans la longue suite des princes de la maison de France. Et encore n'est-ce point parce que l'histoire était gâtée par la douceur de tous les autres? Dans cette race-là, on semblait ne se reposer d'engendrer des grands hommes que pour en donner d'honnêtes; et, comme on l'a dit, lorsque les plus absolus de ses princes se sont trompés, il a toujours été possible de montrer à côté d'eux l'homme qui les trompait.

Il n'est pas de grandes épithètes qu'ils n'aient méritées: depuis leur mort, aussi bien qu'avant, on leur donna tantôt les noms de *bien-aimés*, de *bons*, de *sages*, de *justes*, de *pères des lettres* et de *la patrie*; et tantôt ceux de *grands*, d'*augustes*, de *saints*. De nos jours, celui que nous avons perdu dans la tempête, a été nommé *martyr*, et celui qui nous restait, dans l'exil, *Louis-le-Désiré*.

La prospérité de leur race s'est aussi ac-
crue à un point incroyable. Elle dure depuis
près de mille ans, et depuis ce temps elle se
montre comme un grand arbre qui protége
toutes les nations de son ombre. Les Bourbons, et jusqu'à leurs vassaux, portaient le
sceptre dans toute l'Europe, à Constanti-
nople, en Arménie, à Jérusalem, lorsque
tous les autres souverains européens étaient
sujets. Ils comptent cent rois de leur lignée,
et sont alliés à plus de cinq cents familles militaires du premier ordre ; en sorte qu'en
peut dire qu'il n'y a rien de noble dans le
monde qui n'ait de leur sang dans les veines.
C'est une belle chose qu'une tige qui commence par un roi sage, et qui a fini par un
martyr, et à qui, de tous les genres de gloire,
il n'avait manqué que celui du malheur, qu'elle
a depuis obtenu !

Voilà le magnifique héritage qu'un Bourbon a pour le soutenir. Je ne pense pas que
Buonaparte en ait eu un pareil. L'histoire
seule est ici une puissance, et il suffit du
nom pour régner. J'ai parlé des secours humains, je n'ai garde de parler des autres,
ni de présenter *saint Louis* ou *Louis XVI,*
comme des façons de *rois éternels,* qui pren-

nent dans les cieux les intérêts de leurs descendans. Notre siècle ne comprendrait pas
cela.

Le prince légitime ne trouve pas seulement un moyen d'illusion et de respect vis-
à-vis des peuples dans l'histoire de sa dynastie; elle est encore pour lui-même un puissant engagement à la vertu. On a dans chaque
famille une tendance invincible à se regar-
der : s'il y a un grand homme, tous les membres le prennent pour exemple; et c'est,
pour le dire en passant, la raison de la noblesse, l'amie aussi inséparable de la monarchie légitime : la noblesse, donnée aux pères
parce qu'ils étaient vertueux, a été laissée
aux enfans afin qu'ils le devinssent. Tout le
monde sait que le dauphin, père de Louis XVI,
dont la vie et la mort firent l'admiration de
la cour et de la France, avait pris saint Louis
pour modèle, et qu'il avait élevé selon lui le
duc de Bourgogne, qu'il vit mourir à la fleur
de l'âge. Si les Français ont trouvé plus de
défauts à quelques princes de la maison de
Bourbon, c'est que nous tenons les familles
pour solidaires, et que lorsque nous y trou-
vons un grand sujet, nous lui comparons tous
les autres. La race des Bourbons avait un

moyen sûr de mériter plus de suffrages, c'était de garder pardevers elle ses saint Louis et ses Louis XIV; et ses crimes sont ses bienfaits.

Les mauvaises actions elles-mêmes, dans le système de la monarchie légitime, ne sont pas sans conséquences utiles : les maux que les pères ont faits, les enfans se les imputent. Il semble que les consciences se tiennent, ou plutôt que la même conscience règne toujours; et ici l'équité n'est point arrêtée par l'orgueil : elle revient sur ses pas sans inconséquence. On a vu saint Louis réparer des injustices commises par Philippe-Auguste, et Louis XVI ôter à la révocation de *l'édit de Nantes* ce qu'elle avait de dur.

Nous avons vu les mépris et les haines qui entourent forcément un usurpateur. Le roi légitime ne trouve autour de lui que des affections et des hommages. A sa naissance, nous l'aimons comme un *enfant qui nous est né à tous;* depuis, nous le chérissons comme un père dont notre bonheur dépend.

Pendant la maladie de Louis XVIII, une pauvre femme de la halle vendait sa marchandise à tout prix, « *parce que,* disait-elle, « *elle aimait mieux perdre que de manquer le* « *salut pour prier pour le roi.* »

Si on aimait le père, pourrait-on ne pas chérir le fils? Les grâces, la franchise, l'innocence de la jeunesse qui apparaît, pour être en regard des inflexibilités de l'âge mûr ou de la vieillesse qui vient de s'éloigner, n'auraient-elles donc plus le don de plaire? Celui-là, nous ne l'avons pas vu notre égal pour le haïr; il ne nous a pas *soufflé* le trône pour nous faire *jalouser* son élévation. Il est né roi; il est sorti tout puissant, comme Minerve du cerveau de Jupiter. Dès sa naissance il s'est trouvé aussi grand que la grandeur même, son père s'est comme humilié devant lui pour le reconnaître et le presser contre son cœur.

Il ne jaillit pas, lui, du sein des malheurs, et des malheurs qu'il a causés. Les douceurs de l'espérance accompagnent la nouvelle de sa conception, et toutes les joies du bonheur suivent celles de sa naissance : sa mère seule a souffert, et encore le sourire maternel brillait au milieu des pleurs. Et pourtant cet enfant, elle ne lui a pas sitôt donné le jour, qu'il cesse en quelque sorte d'être à elle. Elle n'a pas, comme les autres mères, la faculté d'en jouir toujours; on lui ôte jusqu'à son droit de nature et à sa prérogative d'amour maternel. L'enfant-roi appartient à l'État; l'autorité po-

litique est chargée de le conserver et de l'é-
lever pour la société.

Les cités fidèles se disputent l'honneur de
lui donner leur nom ; les arts rivalisent d'ha-
bileté pour lui créer des magnificences, la
poésie de sublimité pour chanter sa gloire,
les cœurs de prières pour mériter sa conservation, les peuples de munificence pour lui
faire des apanages.

Les temples s'agrandissent, afin de recevoir les témoins de son baptême, et le Jourdain semble rétrograder encore pour en donner les eaux (1).

La souveraineté elle-même conservatrice
de la société, toute éblouie de son bonheur,
a semblé suspendue; et comme si à la naissance d'un roi il ne devait rien y avoir de
malheureux dans son empire, le coupable est
amnistié et le crime a cessé d'être. Le jacobin lui-même, à qui le temps seul a manqué pour devenir rebelle, à l'aspect de la fé-
licité publique, lui donne en quelque façon
son approbation, en ne niant que l'identité
de l'enfant-roi qui en est la cause (2).

____

(1) Mgr le duc de Bordeaux a été en effet baptisé avec de
l'eau du Jourdain.

(2) Les ennemis de la légitimité, s'il y en avait encore,

Voilà les allégresses de l'avenue d'un roi
dans un Etat paisible, sous un règne floris-
rissant, au milieu d'une dynastie féconde,
sous les auspices d'un père illustre. Que seraient ces allégresses dans ces temps malheureux où la société n'est point encore sortie
franche des travaux de sa régénération, où la
famille régnante s'est successivement écoulée
sur les échafauds ou dans les prisons (1) de
la démocratie, et dans les fossés (2) du despotisme ?

Que seraient enfin les allégresses publiques
à la naissance d'un roi, lorsque son père,
devenu, quoique sans héritier encore, l'une
des dernières espérances de la patrie, venait
pour cela même d'être frappé par un poignard parricide, et de tomber ensanglanté
dans les bras de sa jeune épouse ; et que l'enfant-roi, à la fois échappé à l'affliction de sa

à cet égard n'auraient pas aujourd'hui beau jeu : plus
Mgr le duc de Bordeaux croît en âge, et plus aussi se dé-
veloppe sa ressemblance avec les Bourbons, et surtout avec
sa sœur et son père. Il faut que la Providence à présent
aime bien les royalistes d'Europe : elle réduit leurs adversaires au désespoir du silence.

(1) Le Temple a été le tombeau de Louis XVII
(2) Vincennes.

mère, au meurtrier de son père, que dis-je? à son propre meurtrier (1), n'a pas moins étonné le bourreau que les victimes?

A la vue d'un assassin qui comme le *père* manque son fils et *frappe à côté* (2); à la vue d'un fer moins prompt à détruire que le Ciel à conserver, et vaincu en croyant vaincre ; au tableau d'une royauté qui semble s'envoler aux cieux et pourtant rester sur la terre ; à l'aspect d'une royauté qui semble sortir du tombeau, comme celui qui en est la source ; à l'action d'une providence qui a surpris jusqu'aux désirs de ses invocateurs : ce n'est plus des joies de bonheur et des hommages de reconnaissance d'un seul peuple, c'est des joies et des hommages de la terre toute entière qu'il peut s'agir ; la maison qui renferme l'objet de tant d'amour semble devenir un temple, le berceau qui le couvre un autel, la mère une vierge, et l'enfant un *don de Dieu!*

La *principauté du sang*, la souveraineté de la nature, la royauté légitime enfin est

____

(1) Je n'ai jamais douté, en effet, que si Louvel eût pu prévoir l'existence du duc de Bordeaux, au lieu de diriger son poignard sur le prince, il ne l'eût dirigé de *par privilége* sur la princesse.

(2) La Fontaine.

naturellement grande et magnifique. Si, comme nous, elle est humaine et personnelle pour nous laisser la pensée de la similitude et nous ôter celle du respect, elle semble échapper même à cette loi, en s'identifiant dans la nuit des temps et de la gloire avec ses ancêtres, que nous sommes portés à vénérer comme ce qui est antique et mystérieux, c'est-à-dire comme une autre nature. Nous haïssons les bornes, nous aimons l'infini : or, qu'y a-t-il de plus près de notre amour qu'une chaîne unique de toute une longue suite de rois? la royauté héréditaire a par conséquent tout ce qu'il faut pour être respectée, obéie et aimée. L'homme est de soi bouffi d'orgueil; il est récalcitrant à l'aspect du commandement : s'il y a un motif pour briser son cœur, pour assujettir sa volonté, pour emporter sa vénération et jusqu'à son amour, c'est assurément une royauté surhumaine et par conséquent *dérivant du Ciel*, divine enfin; car il ne faut pas craindre de le proclamer : *toute puissance légitime vient de Dieu*. Et de qui viendrait-elle par hasard? — De l'homme? — Mais alors l'homme est supérieur à la puissance, (comme l'ouvrier est supérieur à l'œuvre!) Le sujet est au-dessus de son maître, et le citoyen au-dessus de son roi! Et cela serait-il autre chose pour le sujet que d'être roi lui-même? C'est ainsi que l'orateur ou l'écrivain ne saurait jamais dans la haute politique professer une erreur qu'il ne se donne un ridicule, et qu'il n'est pas permis à un homme de nier une proposition véritable sans se rendre coupable d'un sacrilége. Ne l'oubliez jamais : suivez toutes les sottises de l'humanité ou de la philosophie (car la philosophie n'est pas autre chose que *l'humanité*), c'est toujours de l'athéisme que vous rencontrez au bout.

Pour en revenir maintenant à notre sujet, je dis que plus le roi est grand, plus aussi l'obéissance et l'affection sont faciles, et qu'à moins de Dieu, on ne conçoit rien au monde de plus sublime qu'un roi héréditaire, à la fois entouré de toutes les gloires de ses pères et de toutes les espérances de sa postérité.

Or, quel est, je ne dirai pas le citoyen vulgaire, mais l'homme de richesse ou d'emplois, de naissance ou de génie, qui, impatient d'obéir à des souverains *impromptu* de la façon de Cromwell, de Buonaparte ou de Christophe, ne se trouvât honoré de se soumettre à des descendans de Charles-Quint ou de saint Louis? En reconnaissant des rois légitimes, le *citoyen* ne se dégrade pas plus que *l'homme* ne se dégrade en se prosternant aux pieds de Dieu. Le royalisme est même comme la piété, noblesse :

Sous un roi citoyen, tout citoyen est roi.

Au-dehors, un Bourbon trouve mieux que des amis ; il ne trouve pas seulement des alliés, il trouve des parens ou des créatures.

Sa cause à tous les rois n'est-elle pas commune (1)?

Défendre un roi légitime, c'est pour un roi légitime déclarer ses propres droits. Une seule fois, au commencement de nos derniers troubles, l'Europe s'est manquée à elle-même en manquant à un roi malheureux (2). Mais alors......, depuis, elle a aussi noblement réparé sa faute qu'elle l'avait courageusement expiée.

____

(1) *Athalie.*
(2) Cela n'a pas empêché l'empereur de Russie et le roi d'Angleterre de traiter en roi la maison de France exilée. Louis XVIII conservait ses insignes de la royauté, il habitait des palais, il avait une cour et des ambassadeurs ; et lorsque son épouse est morte en Angleterre, elle a reçu à Londres les honneurs de la sépulture royale.

Il n'y a pas jusqu'aux ennemis, et aux ennemis vainqueurs du rejeton d'une famille de rois, qui ne déposent à ses pieds leurs hommages. Plus d'une fois on a vu à l'armée de Condé, du côté du Rhin, les soldats républicains découvrir leurs fronts à la vue de Louis XVIII, qui se montrait avec confiance à eux de l'autre côté.

Mais l'histoire fournit un trait qui m'a terrassé d'admiration. Saint Louis était prisonnier des mamelucks à la Terre-Sainte. Cependant, ceux-ci massacrent Almoadam, leur soudan : c'est ce qu'on peut appeler la légitimité du poignard. Là-dessus, l'un des janissaires entre dans la tente du roi de France. — *Que me donneras-tu pour t'avoir défait d'un ennemi qui t'eût fait mourir s'il avait vécu?* — Le roi garde le silence. Alors, le barbare lui montrant son épée : *Choisis, lui dit-il, ou de périr de ma main, ou de me donner dans ce moment l'ordre de chevalerie. — Fais-toi chrétien,* répond le roi, *et je te ferai chevalier.* — Et les mamelucks de délibérer s'ils ne feront pas saint Louis leur soudan. Je n'ai pas ouï dire que Buonaparte, qui fit aussi la guerre dans ces contrées, ait obtenu le même hommage. Quelle est donc cette puissance vraiment surhumaine qui force jusqu'à la cruauté? C'est la légitimité.

La légitimité est une garantie de respect et d'amour; elle en est encore une d'inviolabilité. On peut en vouloir à un *empereur*, il a eu des prétentions, tout roturier qu'il était; mais le moyen d'en vouloir à la personne et à la vie d'un *roi!* C'est un pauvre crime que le *crime de la naissance.*

Aussi l'on juge ou l'on assassine les monarques héréditaires, et encore est-ce rarement arrivé. On ne *conjure* jamais contre eux (1) : c'est qu'on peut bien jalouser leur puissance ou être impatient de sa propre destinée (2), mais pas haïr leur personne. Et d'ailleurs, alors même qu'on s'adresse aux *souches* (3) de préférence, quelle impunité espérer, et quel succès attendre dans un système où rien ne meurt, où le prince n'a pas plutôt cessé d'être, que son parent, à quelque degré que ce soit, le remplace ?

---

(1) L'observation est, je crois, de M. Burcke.

(2) C'est évidemment la cause du dernier régicide. Louvel n'a cessé de dire qu'il n'avait aucun motif de haine contre les Bourbons.

(3) Louvel dit qu'il avait assassiné Mgr le duc de Berry, parce qu'il était la souche.

A la mort de Louis XVI, Monsieur, régent de France, et l'armée de Condé avec lui, proclamèrent son fils, comme à celle du fils on proclama le frère ; ce qu'on eût fait « ainsi d'aîné en aîné, fût-ce au millième degré, comme Balde l'a dit des Bourbons (1). » « Si « dans un tel malheur, disait le régent à « Hamme, quelques jours après le 21 *janvier* « 93, il nous est possible de recevoir quel « que consolation, elle nous est offerte pour « venger notre roi, replacer son fils sur le « trône, et rendre à la France son bonheur « et son ancienne gloire. » Et à la mort de la reine : « C'est en redoublant de zèle pour le « service de notre jeune et malheureux roi, « que nous pourrons lui rendre moins amères « des pertes si cruelles. »

Les royalistes étaient en mer, allant d'Angleterre à Quiberon, lorsqu'ils reçurent la nouvelle de la mort de Louis XVII ; ils firent retentir les côtes de Bretagne des cris de *vive Louis XVIII!* Et à l'autre extrémité du royaume, presque dans le même moment, Condé disait à son quartier-général, à Mulheim : « Après avoir invoqué le Dieu des mi- « séricordes pour le roi que nous perdons,

---

(1) Loyseau, *Traité des ordres et dignités.*

« allons prier le Dieu des armées de prolon-
« ger les jours du roi qu'il nous donne, et de
« raffermir la couronne sur sa tête par les
« victoires, et plus encore par le repentir
« de ses sujets..... Le roi Louis XVII est
« mort, *vive Louis XVIII!* »

Et aussi, lorsqu'à peine un usurpateur a
la faculté de se dire roi quelques années,
et que, loin de trouver dans le temps qu'il
a régné une raison de régner encore, il y
trouve, avec une prolongation de crimes, une
cause de plus de déchéance; les familles nées
royales gardent les trônes une longue suite
de siècles, et ont d'autant plus lieu de régner
qu'elles ont régné davantage. Les Bourbons,
en particulier, portent la couronne depuis
près de mille ans; et leurs droits, qui n'ont
jamais été que des devoirs, sont certainement
plus sacrés aujourd'hui qu'à aucune autre
époque de l'histoire de France (1). Nous leur

____

(1) La légitimité, je crois, même dans ses commence-
mens, est évidente pour tout œil non prévenu. Elle n'est
jamais *reçue*, mais toujours *prise*. Si quelqu'un pouvait la
donner il l'aurait; et avoir la souveraineté, c'est apparemment avoir la capacité de la garder. Quand Buonaparte,
lors de son consulat ou de son *empire*, a demandé des
votes, il était souverain, et il n'a pu les demander que
parce qu'il était souverain. La légitimité se connaît à la su-

avons souvent rendu la couronne pénible à
porter; quelquefois même nous nous sommes
faits leurs calomniateurs, leurs geôliers,
leurs bourreaux ou leurs juges. Peu satisfaits
de les outrager dans leurs palais, nous les
avons poursuivis jusque dans la tombe, ajou-
tant ainsi, si j'ose le dire, au régicide de la
vie le régicide de la mort. Si la valeur, si la
naissance commencent, le temps, et plus
encore la vertu, le malheur et le martyre
continuent et confirment la légitimité; en
sorte que le régicide n'est pas seulement le

périorité de possessions, de capacité, de justice, et surtout à
celle de puissance; car si les autres conditions de la souveraineté sont difficiles, celle-là est *aisée à reconnaître*. Dans
l'histoire universelle, il est à naître une famille royale dont
on puisse assigner l'origine populaire, ou seulement le moment décisif de l'avénement au trône. Les rois semblent
avoir exercé la royauté avant d'être rois. En tout cas, si la légitimité est d'abord équivoque, elle s'explique par le premier ministre de Dieu au département du monde, *le succès prolongé*. Voyez les Pépins et les Capétiens; ils furent
long-temps, les uns les premiers ministres, les autres les
rivaux les plus redoutables de la royauté avant de l'exercer.
Et les recherches les plus scrupuleuses de l'histoire de
France n'ont pas encore appris le temps de leur fortune et
celui de leur royauté. Les royautés qui sont *l'effet du sa-
bre*, comme à Saint-Cloud, ou *le prix de la course*, comme
au 20 *mars*, sont des légitimités à la Buonaparte.

plus grand des crimes, il est encore la plus grossière des inconséquences.

Mais l'un des plus grands bienfaits de la royauté légitime à venir, c'est assurément sa certitude, sa présence perpétuelle, sa *consubstantialité*, si j'ose le dire, avec la royauté actuelle. La nécessité de l'autorité est chose de tous les jours, de tous les momens ; car les besoins du sujet, qui sont sa mesure, ne cessent pas un instant d'être. Rien *n'attend* dans la société, et le mal moins que le bien. La souveraineté actuelle étant elle-même sujette à tous les besoins du sujet, à toutes ses faiblesses, à tous ses accidens, il faut bien un *co-souverain* qui l'assiste, un *suppléant* qui soit indépendant de l'homme-sujet, et même de l'homme-roi ; un souverain *de la nature*, enfin, toujours connu, toujours visible, toujours présent ; un souverain, en un mot, qui, lorsque son souverain ou même la société l'appelle, puisse sans cesse répondre : *Me voici !*

Il faut que la vérité à cet égard soit bien palpable, car je la trouve, et très-bien, au milieu de tous les préjugés, de toutes les erreurs, et dans un chaos ; je la trouve enfin dans *l'Esprit des Lois* de Montesquieu :

« L'ordre de succession étant une des
« choses qu'il importe le plus au peuple de
« savoir, le meilleur, dit-il, est celui qui
« frappe le plus les yeux ; comme la naissance
« et un certain ordre de naissance. Une telle
« disposition arrête les brigues, étouffe l'am-
« bition, etc. »

Lorsque je trouve de telles vérités dans de
telles bouches, je ne puis m'empêcher de
dire du philosophisme, en retournant ce
qu'un poëte a dit du sexe :

Ses vices sont de lui, ses vertus sont de nous.

Un trait admirable, et qui suffirait à lui
seul pour faire sentir tout ce qu'il y a à la
fois de naturel, d'humain, d'utile et de magnifique dans le système de l'hérédité légitime des trônes, c'est le mot dit, ou plutôt
échappé par le dernier roi dans sa maladie,
vis-à-vis de son héritier : *Mon frère, vous
avez des affaires qui vous réclament; moi, j'ai
des devoirs à remplir.* Franchement, l'anarchie
(car l'élection n'est pas autre chose) vaut-
elle cela? Hâtons-nous de le dire : il faut à la
souveraineté des suppléans toujours certains
et toujours là ; et cette sorte de suppléans de

la souveraineté ne saurait se trouver que dans sa famille.

Le fonds d'un roi héréditaire est la bonté et l'amour des peuples. Quelle vengeance aurait-il à exercer ? Il n'a reçu que des hommages et des bénédictions depuis sa naissance. Il est *le père de famille en grand*, qui tient à ce qui lui vient de ses ancêtres, et qui se plaît à le transmettre à ses enfans à son tour.

Quel ne sera pas l'amour d'un roi pour des sujets qui n'ont pas cessé et qui ne cesseront pas de l'être ? Que ne fera-t-il pas pour un trône de *famille?* L'homme ne conserve, n'étend, n'embellit une chose que lorsqu'elle est sa propriété pour toujours, comme le cœur ne se dévoue que lorsqu'il sait qu'il est immortel ; et le principe de la religion est encore celui de la monarchie.

Rien ne se perd dans le système de la succession, par la raison toute simple que rien ne change. Il semble qu'on ne naisse pas plus qu'on ne meurt. Rien de consommé ne périt, rien de commencé n'est interrompu, rien de projeté ne s'évanouit. Il n'y a pas jusqu'aux désirs du feu roi qui ne deviennent ceux de son successeur; et il met même d'autant plus de zèle à les remplir, qu'ils semblent acquérir je ne sais quoi de sacré en sortant de la tombe : ils font partie du testament. Enfin, le fils *tâche de continuer le règne de son père*, le frère *le règne de son vertueux frère* (1). Il faut être père de famille pour recueillir dès le jour de la plantation, et féconder l'année à venir par le ménagement de la courante. Voyez tous les genres de corporations : qu'est-ce qui a fait leur grandeur ? l'esprit d'immortalité.

Les malheurs de tous les peuples ont toujours été en raison du déréglement de leurs pouvoirs.

J'ai beau ouvrir l'histoire à toutes ses pages, quand je trouve les sciences prospères, la législation équitable, la propriété, la liberté, la vie respectées quelque part, c'est aux lieux et aux temps où la monarchie est héréditaire, et surtout en ceux où elle l'est de mâle en mâle et d'aînés en aînés. Le paganisme, où s'étaient naturellement introduits la démocratie et le despotisme, manqua toutes les sciences nécessaires ou utiles, et ne réussit guère que dans la poésie ou les arts : *vains qu'ils étaient, ils reçurent un avantage vain* (2). Et ce

____

(1) Paroles du Roi régnant.

(2) *Receperunt vani vanam*. (Saint Augustin.)

sera un jour un grand objet d'étonnement que d'avoir entendu vanter la législation des Grecs et des Romains, chez lesquels étaient effroyablement foulées aux pieds la propriété, la liberté, la vie, c'est-à-dire les premiers objets que la législation devait garantir.

Cette république romaine, que nous admirons sur la foi de ses poëtes ou de ses historiens romanciers, si elle a jamais été juste (1), ne le fut que lorsque son sénat fut roi; et ses citoyens, que, dans nos études de collége, nous nous représentons comme *un peuple au loin roi* (2), n'avaient au fonds que la souveraineté de leur esclavage, et n'étaient qu'une grande assemblée de victimes.

Je ne parlerai pas de la liberté des esclaves romains, qui pourtant formaient la plus grande partie de la population (3) : ils n'a-

---

(1) Il en est de la force de la république romaine comme de sa justice : elle ne les devait qu'à son orgueil ou à sa lâcheté. Elle combattit pour vaincre ou pour vivre. Elle n'eut sa puissance qu'au camp, sous un général tout puissant, et surtout dans l'empire, sous un dictateur. Et qu'était-ce, après tout, que cette puissance qui se trouvait perpétuellement en péril aux phrases d'un tribun ou devant les poignards de Catilina ?

(2) *Populum latè regem.*

(3) Cicéron dit qu'à Rome, sur la fin de la république ,

vaient rien à eux, pas même le droit de vertu, puisque leur pudicité appartenait à leurs maîtres.

Quant aux franchises de ce que l'on appelait le citoyen romain, elles consistaient dans le droit de quitter son toit paternel, et de s'en aller, jusqu'à sa propre mort exclusivement, incendiant, massacrant chez ses ennemis, c'est-à-dire dans tout l'univers.

Quand vint l'empire et avec lui la monarchie, comme il était neuf et par conséquent incertain et attaqué, loin d'être organisé par l'hérédité d'aîné en aîné, il ne fit que donner au mal un moyen de plus.

> Romains contre Romains, parens contre parens,
> Combattaient follement pour le choix des tyrans.

Les cohortes prétoriennes, cantonnées aux extrémités de l'empire, étrangères à la patrie, à la voix du *plus offrant et dernier enchérisseur*, accouraient de l'Orient et de l'Occident comme des tempêtes, portant au

---

on comptait à peine 2000 propriétaires sur 1,200,000 esclaves. Tel citoyen en possédait plusieurs milliers. On en égorgea, en une fois, 400 dans une maison, en vertu de la *loi* qui ordonnait que tous les esclaves habitant sous le même toit où un citoyen avait été tué, fussent mis à mort. (Tacite.)

peuple romain un empereur à subir, et s'en retournant dans leurs camps *conventionnels*, méditant déjà d'en nommer un autre, que quelquefois elles faisaient en chemin. Cependant les peuples se révoltaient, et les barbares arrivaient à la faveur; en sorte que, pendant 600 ans, les citoyens romains eurent à payer à la fois de leurs biens, de leur liberté et de leur vie, la tyrannie de leurs souverains électifs et les ambitions de leurs ennemis.

Une illégitimité nouvelle semble succéder à celle-là.

A peine finit le *Bas-Empire*, que le mahométan commence comme pour se confondre avec lui et vivre sur ses allures.

Là le pouvoir est monarchique, et même héréditaire dans une famille. Mais qu'est-ce qu'une hérédité dans une race multipliée à l'infini, c'est-à-dire anéantie par la polygamie? Et qu'est-ce qu'une monarchie avec une religion éminemment corruptrice, parce qu'elle est éminemment fausse, et qui tolère, à côté du pouvoir, des puissances ayant à chaque instant le droit de le déposer (1)?

____

(1) Le sultan, en Turquie, peut être déposé et mis à

L'arbre aussi porte son fruit. L'orient, où la légitimité existant quant à la famille, n'existe pas pour l'aîné, et se trouve sans cesse interprétée ou subvertie par les cordons des janissaires, est, depuis le christianisme aussi bien qu'avant, plongée dans les ténèbres les plus profondes et dans la tyrannie la plus violente. « Chaque prince de la « famille royale ayant, dit Montesquieu, « une égale capacité pour être élu, celui qui « monte sur le trône fait étrangler ses frères « comme en Turquie, les fait aveugler « comme en Perse, ou les rend fous comme « chez le Mogol; ou si l'on ne prend point « ces précautions, comme à Maroc, chaque « vacance du trône est suivie d'une affreuse « guerre civile. » Le Turc n'a de propriété que celle du pain qu'il consomme et de l'air qu'il respire. Sa liberté réside dans l'exercice secret de ses vices, et il ne vit que sous le bon plaisir de ses tyrans.

mort par une décision des mollas et des ulhémas réunis (le clergé et la magistrature chez nous). Toutes les exécutions dont nous entendons parler sont légales, et se font de cette façon. Un seul souverain, dans le cours de la dynastie ottomane, a péri dans une révolution, et ses exécuteurs sont tenus dans le pays, comme chez nous les conventionnels qui ont condamné Louis XVI.

Les Chinois, le peuple (quoi qu'on puisse
en dire) le plus ridicule, le plus bête et le
plus corrompu de la terre, et qui, outre
leurs souverains des temps fabuleux, comptent vingt-deux dynasties (dont quatorze
pendant que la France n'en a eu que trois),
ont subi aussi vingt-deux grandes révolutions.

La Russie, où, jusqu'à présent du moins,
« le czar a pu choisir qui il voulait pour son
« successeur, soit dans la famille, soit
« hors (1), » n'a présenté encore que de
beaux élémens de monarchie et de civili-
sation. La Pologne, florissante sous ses rois
héréditaires, n'a cessé de se dégrader depuis
qu'elle les a perdus. Et si l'Allemagne, et
surtout l'Angleterre, sont restées stagnantes
dans la haute philosophie, dans la législation, et même (quoi qu'en dise l'Angleterre)
dans la littérature et dans la liberté (2), c'est

____

(1) *Esprit des lois.*

(2) En Angleterre, les femmes ne sont pas exclues du
trône, et la succession légitime même y a reçu deux in-
terruptions récentes. Or, sans parler du traitement odieux et
barbare fait aux catholiques dans ce pays, on y ruine les
propriétaires par la *taxe des pauvres*, et l'esclavage y existe,
dans toute la force du mot, sous le nom de *presse des
matelots.*

assurément parce que la légitimité n'y a pas toujours été absolument réglée, ou même y a reçu plus d'une atteinte.

L'Espagne et la France seules, chez lesquelles la succession au trône a reçu tous ses développemens, présentent aussi tous ses avantages. En aucun temps, ni chez aucun peuple, l'observateur éclairé n'a trouvé à un plus haut degré de perfection que là, la science des devoirs, la métaphysique et la morale; la science de la législation et même de la littérature et des arts qui en dérivent. L'Espagne, je le sais, n'a pas toujours égalé sa voisine dans ce dernier objet de l'esprit humain; mais c'est peut-être parce qu'il est le dernier. Partout dans ces deux sociétés vraiment modèles, la propriété, la liberté et la vie de l'homme innocent (1), dans la paix et jusque dans la guerre, ont été respectées comme des cho-

____

(1) La *liberté de la presse*, loin d'avoir été blessée sous les rois de France, y a plus d'une fois été, comme de nos jours, poussée, et impunément, jusqu'à la licence. *Rabelais* et *La Fontaine*, par exemple, se sont, j'imagine, assez librement montrés hardis en morale, *Bodin* en politique, *Montaigne* en religion. Mais j'hésite à faire de ses faiblesses un titre à la légitimité.

ses sacrées. Car *les droits de l'homme* en Espagne , pour être reconnus et pour exister, n'ont pas toujours cru avoir besoin d'une *Constitution* proprement dite qui les écrive. Ils ressortent encore, comme ils ressortaient jadis chez nous, de toutes les *ordonnances* des rois, et plus encore de leurs devoirs et de leurs volontés.

Les *Français* ont été libres à ce point, qu'on ne sait si l'*affranchissement* leur a donné son nom ou a reçu le sien d'eux. Dès l'origine de la monarchie, et sous les rois les plus absolus et les plus héréditaires, nous avons eu nos *Champs-de-Mars,* nos *Champs-de-Mai,* nos *Assemblées du Tiers-État* et nos *États-Généraux.* Et c'est une observation qui devrait faire rougir de mauvaise foi et d'ignorance les adversaires de la légitimité, qu'en France, comme dans tout le reste de la chrétienté, la liberté n'a été un moment incertaine, ou même blessée, que sous la première et la seconde race, où la légitimité n'était pas réglée, puisque la monarchie se partageait quelquefois comme les patrimoines, ou même n'existait pas toujours ; et que la liberté n'est revenue qu'avec les rois absolus et régulièrement héréditaires. La *féo-*

dalité, regardée comme le gouvernement de la servitude, n'a pas été établie par la légitimité ; elle naquit contre elle, et n'eut pas d'ennemi plus naturel et plus opiniâtre : toutes les pages de l'histoire de France sont empreintes des efforts de la troisième race pour la détruire. Les *communes*, comme les *serfs*, ont été affranchis par *Louis-le-Gros*, saint Louis, Philippe-le-Bel et Louis-le-Hutin (1) ; et les derniers vestiges du servage,

___

(1) L'édit de Louis-le-Hutin sur la liberté est très-beau :
« Louis, par la grâce de Dieu, roi de France et de Na« varre, à nos amés et féaux...... *Comme, selon le droit de* « *nature, chacun doit naître Franc.....,* nous, *considérant* « *que notre royaume est dit et nommé le royaume des Francs,* « *et voulant que la chose en vérité soit accordante au nom....* « par délibération de notre grand conseil, avons ordonné et « ordonnons que généralement, par tout notre royaume, « franchise soit donnée à bonnes et convenables conditions. « Et pour ce que les autres seigneurs qui ont hommes de « corps, prennent exemple à nous de eux ramener à fran‑ « chise, etc. Donné à Paris, le *tiers jour* de juillet, l'an de « grâce 1315. »

Les Anglais, si fiers de leur *grande Charte*, de leur *représentation nationale*, etc., en ont successivement reçu le principe et les développemens de la munificence de leurs rois *héréditaires*, Jean, Édouard Ier et leurs successeurs. Et quand ils se sont vus un moment enlever ce qu'ils appellent leurs *priviléges*, ça a été, comme nous avons vu, sous un roi *de leur façon*.

ensevel is dans un coin de la *Franch-Comté*, ont été découverts et abolis par Louis XVI, avant de monter à l'échafaud.

Les peuples ne sont jamais restés un moment sans défenseurs avoués et même nommés par les rois. Lorsque les *États-Généraux* ont cessé, les *Parlemens* ont paru. Et qu'on ne dise pas qu'étant nommés par le roi ils étaient leurs serviteurs. Ils ne recevaient point d'argent d'eux, et ils étaient inamovibles ou même héréditaires. Quand on ne dépend du prince que pour sa nomination, on ne lui fait la cour qu'un moment, et alors elle n'est pas dangereuse. « Les Parlemens, « dit un philosophe qui n'est pas suspect (1), « ont donné de la consistance aux lois en « en France, et il n'est presque pas une de « leurs remontrances où ils ne rappellent « aux rois *leurs engagemens envers la nation.* » J'aurais dit, moi, *leurs devoirs envers Dieu*, et j'eusse été au moins aussi libéral que la philosophie.

Ce Louis XIV pour lequel la révolution a tant de haine, on dit bien qu'il a été *absolu*, *despote*, parce que *despote* est synonyme d'ab-

---

(1) Mme de Staël, *Considérations sur la révolution.*

solu ; mais comment se fait-il qu'on n'ait jamais osé écrire, et peut-être dire qu'il ait
été *tyran?* C'est qu'il ne l'était pas. « Il n'a
« pas fait tout ce qu'il pouvait sans doute,
« dit Voltaire (1), parce qu'il était homme ;
« mais il a fait plus qu'aucun autre, parce
« qu'il était un *grand homme*....... Et son âge
« doit servir de marque éternelle à la *gloire*
« de notre nation. » Si ce sont les *grands
hommes* qui font la tyrannie, et si la tyrannie
produit la *gloire*, qui ne voterait pour la tyrannie ?

Ses successeurs, et ceux qui devaient l'ê-
tre, on ne les accusera pas, ceux-là, d'avoir
été tyrans : ils n'ont été en exil ou à l'échafaud que parce qu'ils étaient bons. Toutes
les fois qu'il s'est agi de prendre des mesures
violentes, ou seulement d'avoir des volontés
périlleuses, dans le cours de la révolution,
on sait que Louis XVI s'y opposa. Lorsqu'il
eut ordonné à la noblesse de se joindre au
Tiers : « A Dieu ne plaise, dit-il, qu'un seul
« homme périsse pour ma querelle! Quant à
« moi, je suis décidé à tous les sacrifices. »
Et, en effet, il a successivement renoncé à

____

(1) *Correspondance*, tome 3.

tout; il a tout *octroyé, Charte, royauté,* etc., ne se réservant que ses vertus et les cieux.

Depuis, ses frères et ses neveux n'ont pas dégénéré en bonté, ni même en sacrifices. L'un n'a remis le pied sur le sol de la patrie, la France entière (car les jacobins ici ne comptent pas) et toute l'Europe pour alliées, qu'une Charte généreuse à la main. Peu de temps avant sa mort, il disait encore à la députation de la Chambre des députés (1) : « L'homme qui a commandé aux « Français pendant quatorze ans, n'a voulu « que montrer qu'il était leur maître. Moi, « mon devoir comme mon intention sont de « montrer que je suis leur père. » Mgr le duc de Berry n'est revenu que pour offrir à la patrie une vie qu'il lui était si facile de conserver, et dont les derniers momens ont été employés à demander la grâce de son meurtrier.

Cette *égalité devant la loi,* et surtout *devant le roi,* qui fait la base obligée et de *style* des chartes que nous imposons ou qu'on nous *octroie,* on fait acte d'ignorance ou de

---

(1) Voyez le *Discours* de M. de Sallabéry, à l'ouverture du dernier collége électoral de Loir-et-Cher.

calomnie, lorsqu'on vient dire qu'elle date
de *l'an 1er de la liberté*, et que cela était
chose occulte ou foulée aux pieds dans l'ancienne monarchie française.

Je parlerai d'abord de l'*égalité* des charges.

Je veux que la noblesse ait eu en effet
quelques exemptions d'impôts ; alors elle
était véritablement *liée à la glèbe* du camp,
elle était *toute guerrière*, et seule elle n'é-
tait point salariée, et *servait toujours avec le
capital de son bien*, comme dit Montesquieu.
La noblesse, en servant l'Etat sans lui payer
d'impôt, était-elle de condition meilleure
que nos fonctionnaires d'aujourd'hui, qui
sont soumis à l'impôt et gratifiés de traitemens considérables ? *L'impôt du sang*, chez
un peuple qui si pique de gloire militaire,
serait-il moins honorable que celui de l'or ?

Dans un moment d'humeur, M. Necker
(et l'homme assurément n'est pas suspect
quand il défend l'ancien régime, ni récusable
lorsqu'il s'agit de calculs) déclara solennellement à l'Assemblée constituante, « que les
« exceptions si décriées de la noblesse et du
« clergé ne s'élevaient pas au-dessus de sept
« millions ; que la moitié de cette somme
« appartenait aux privilégiers du Tiers-Etat,

« et que les droits de contrôle supportés
« par les deux premiers ordres réparaient
« amplement l'inégalité. »

Quant au service militaire inférieur forcé,
nous aurons beau parler d'*égalité absolue* à
cet égard, nous ne l'aurons jamais, car elle
est impossible. Cette charge ne frappe aujourd'hui, comme elle ne frappait jadis, que
sur les classes pauvres, par la raison toute
simple qu'il n'y a que ces classes de véritablement élevées aux privations, à la so-
briété, à la force nécessaires à la vie des
camps, et qui aussi en aient le plus naturellement le goût et même le besoin. Dans le
temps, la milice se vendait ou se livrait au
gouvernement ; aujourd'hui elle se vend aux
particuliers pour les *remplacer :* la personne
de l'acquéreur ne fait rien au vendeur, il
n'y a que le prix qui lui fasse.

Du reste, dans le civil comme à la guerre,
ce qu'on appelle *l'avancement* était pour le
moins aussi facile sous les rois de France (1)
qu'il le fut sous l'empire ou la république.

---

(1) Je trouve *l'égalité devant le roi légitime* reconnue, et
par un bel exemple, en Espagne, où le pouvoir qu'on est
convenu d'appeler *absolu* nous semble avoir été poussé le

Dédaignant la foule d'exemples vulgaires, je n'en citerai que d'éclatans. Dès les premiers âges de la monarchie française, on voit premier ministre un Suger, qui avait été élevé comme pauvre dans un cloître, et Poncher, fils d'un grenetier à sel, garde des sceaux de Louis XII.

A mesure que la monarchie va se développant, on remarque aussi, ce semble, un champ plus vaste au privilége du talent. Lorsque nous venons vers le temps d'Henri IV, nous voyons un Amyot, fils d'un mercier, devenir précepteur des Enfans de France, et puis évêque ; un Jeannin, fils d'un avocat, un l'Hôpital, fils d'un médecin, s'élever à la dignité de premiers ministres.

Mais c'est précisément sous le règne du roi qui nous semble le plus orgueilleux et le plus absolu, qu'on remarque le plus de grandeurs nouvelles.

L'évêque Fléchier et le cardinal du Perron durent tout à leur génie. Jean Bart, pauvre enfant d'un pêcheur, Duguay-Trouin,

---

plus avant. Le plus grand ministre que l'Espagne ait eu, et peut-être le monde, le cardinal Ximenès enfin, était fils d'un procureur !

fils d'un commerçant, parvinrent tous les deux aux premiers grades de la marine. Le maréchal Faber avait été élevé dans une boutique de libraire, et Catinat plaida quelques causes au Palais. Enfin, l'un des plus puissans ministres de Louis XIV, Colbert, avait été commis à 1200 francs dans une maison de banque.

Lors de l'enregistrement des lettres de chancelier de M. Montholon, M. Séguier, procureur-général, dit que « *cette élévation était une déclaration publique que le roi voulait honorer les charges par les hommes, et non les hommes par les charges.* »

Telle est la justice naturelle à la monarchie légitime, qu'on la retrouve, si nous osons le dire, jusque dans ses débris. Pendant que les républicains élevaient, *ex abrupto,* des hommes de la nature de *Quinette* au ministère de l'intérieur, et de *Pache* au ministère de la guerre, les *nobles* Vendéens proclamaient Cathelineau et Stofflet, c'est-à-dire les plus simples roturiers, pour leurs généraux!

Lorsque les Bourbons sont revenus, ils ont dit (et en temps et lieux ils sont rois à le faire) que *le bâton de maréchal était pour*

*tout soldat dans sa giberne, et qu'il n'y avait
qu'à l'en faire sortir.*

J'avouerai, si l'on veut, qu'il y a dans une
république, ou dans une monarchie élective
ou usurpée, plus de facilité pour sortir de
son rang ; mais il faudra m'accorder aussi
qu'il y a plus de chance à n'y pas jouir de sa
victoire. Les *républiques* et les *empires* sont
essentiellement guerroyans. Il faut sans cesse
donner la mort ou la recevoir, et, pour parler comme eux, *vaincre ou mourir.* Les places
sont vacantes, parce qu'il est impossible de
s'y fixer. Si nous recevions de l'avancement
dans *l'interrègne,* ce n'était pas à la justice du
pouvoir que nous le devions, c'était à la
mort. Qu'ils se nomment ceux-là qui, dans
leur route politique, regrettent de ne pas
marcher sur des cadavres, et qui ne crain-
draient point d'acheter l'orgueil au prix du
sang de leurs concitoyens !

Les rois héréditaires, bons au dedans, se
sont-ils jamais montrés dangereux ou conquérans au dehors ? L'Europe, jusqu'au moment où la république française est venue la
tourmenter, et l'usurpation de Buonaparte
la dissoudre, même au milieu des guerres
les plus violentes, avait vécu, si on peut le

dire, vierge de conquêtes. On se battai'
pour des intérêts de religion, c'est-à-dire
pour des intérêts d'existence, quelquefois
dans la vue de s'égaliser, de se pondérer, jamais à l'effet de s'agrandir. Car si Charlemagne et Charles-Quint se sont vus un moment maîtres d'une grande partie de l'Europe, c'est que le premier avait à *fonder*, et
que le second avait hérité ou traité de ses
possessions. De nos jours, la légitimité n'a
pas dévié de son *droit des gens* naturel. Les
dernières guerres qu'elle ait soutenues ou
déclarées, furent pour défendre des trônes
menacés ou pour en relever d'abattus. La
guerre de l'Europe contre Buonaparte, celle
de l'Autriche contre les Napolitains, celle des
Français contre les Espagnols, sont toutes
guerres légitimes, parce qu'elles avaient
toutes trois pour objet la liberté.

Du reste, le mode de guerre employé
entre princes héréditaires, ou même employé par eux contre ceux qui ne le sont
pas, a presque toujours été humain. Et ce
qui le prouve, c'est que dans les siècles les
plus malheureux, la profession des armes a
été volontaire. Si depuis quelque temps le
recrutement a été forcé, s'il a fallu faire la

guerre aux citoyens avant de la faire à l'ennemi, ce n'est pas à la légitimité qu'on doit
s'en plaindre, c'est à la révolution : elle ar-
mait des populations toute entières pour en-
vahir, il fallait bien en armer pour se défendre.

Si c'est le despotisme qu'on craint dans la
royauté héréditaire, on devrait bien ouvrir
les yeux pour voir qu'on y a des chances de
repos inconnues dans l'élective. La tyrannie
ne peut guère être que viagère dans les maisons royales. Le sang du tyran, en s'éloignant
de sa source, s'appauvrit. On ne connaît
pas, dans toute l'histoire de la légitimité,
deux tyrans de suite dans la même famille.
Le père de Louis XI était un prince vaillant
et aimable, et son fils, au rapport de Com-
mines, *« était si bon, qu'il n'est point possible*
de voir meilleure créature. »

Mais le seul roi capétien qu'on ait pu ac-
cuser de tyrannie, ce Louis XI enfin, les ennemis des rois savent-ils bien contre qui il
l'exerçait? Ce n'était pas contre le peuple
dont ils se déclarent les protecteurs, *c'était*
contre les grands, l'éternel objet de leur jalou-
sie. « Louis XI, dit encore le judicieux Com-
« mines, était humble en paroles et en
« habits.... Il était naturellement ami des gens

« de moyen état (1). » Il choisissait aussi ses fonctionnaires et jusqu'à ses ministres hors la noblesse. Les jacobins-rois de la *Constituante* ou de la *Convention* n'eussent pas fait mieux. Aussi le règne de Louis XI, qui ne faisait que finir lorsqu'écrivait Machiavel, ne l'empêcha pas de dire que « le gouvernement de « la France était, à sa connaissance, le plus « tempéré par les lois, et son royaume le plus « heureux et le plus tranquille. » Et deux siècles après, Grotius, pourtant né sujet d'une république et protestant de religion, tenait la France pour le plus beau royaume après celui du ciel.

Au contraire, dans le despotisme électif, chaque souverain arrive à l'empire avec toute la vigueur d'un parvenu; et le mal, même en finissant, ne fait jamais que commencer.

Voyez notamment la suite des sept premiers empereurs romains depuis Auguste: C'est Tibère, c'est Claude, c'est Caligula, c'est Néron, c'est Galba, c'est Othon, c'est Vitellius, c'est-à-dire tous hommes dont les

---

(1) De nos jours, il est singulier que ce soit un étranger et un romancier, Walter Scott, qui ait pris le soin de réhabiliter Louis XI.

noms sont synonymes de tyrannie ; et si Ves-
pasien les suit, Titus aussi fut son fils.

La grande preuve de la bonté d'un gouvernement, c'est la pureté, c'est la grandeur
des mœurs nationales : or, c'est de l'histoire
que nulle part il n'y a eu plus de vertus privées et publiques que sous les monarchies
légitimes. On sait assez ce qu'étaient les
mœurs des Grecs et des Romains, et ce que
sont encore celles des Orientaux : on se dégradait soi par la lâcheté, le luxe et la polygamie ; on dégradait son prochain par l'esclavage. Cependant, les chrétiens de Pélage,
sobres, pauvres, charitables, courageux,
partagent leur morceau de pain avec leurs
semblables, et quand viennent les jours de
l'oppression, ils poussent les premiers cris
de délivrance. « Saragosse célèbre la messe
« de ses propres funérailles. » Et lorsqu'on
leur fait envisager la difficulté de la victoire,
ils répondent : « *Nous avons mis huit cents*
« *ans à chasser les Maures.* »

Et nous aussi nous avions eu notre désin-
téressement, notre courage, nos morts glo-
rieuses ! nous en avions donné l'exemple à
notre alliée. Sans autre amour que celui de la
royauté, sans autre haine que celle de la

tyrannie, sans autre espoir que celui d'un grand exemple donné, une ville isolée (1), n'ayant pour garnison que des citoyens, et encore divisés, soutint pendant soixante jours un siége contre une armée et une artillerie formidables, et encore exaltées par toutes les fureurs de la *Convention*.

Depuis, un exemple plus grand, plus long-temps heureux et plus mémorable a été donné au monde. Au fort de la puissance, des succès et de l'enivrement des tyrans *convenus* de la patrie, les habitans d'une province, privés de connaissances et même d'armes et de chefs militaires, mais forts de leur bonne cause et de leur bonne volonté, conçurent le projet de lutter contre cette puissance usurpée. En conséquence, on les vit sortir de leurs chaumières la carabine ou le socle d'une main et le *chapelet* de l'autre, emmenant avec eux leurs prêtres et leurs autels, disputer pied à pied et teindre de leur sang et de celui de leurs ennemis les sillons de leurs campagnes, obliger la Convention à leur opposer successivement ou simultanément jusqu'à trois cent mille hommes de troupes réglées,

____

(1) La ville de Lyon.

et six cents mille gardes nationaux, faillir triompher d'un pouvoir qui triomphait de l'Europe, et en stipuler du moins la garde de leur devise et de leurs armes, et l'exemption de la conscription !

S'il est beau à la garde salariée d'un usurpateur, il est sublime au sujet désintéressé d'un Bourbon, de *mourir* et de *ne se rendre pas*. Et il faut bien que l'usurpateur lui-même ait été de cet avis-là ; car il appelait les Vendéens un *peuple de géans*, plaçait leurs enfans et pensionnait leurs veuves, et voulait bâtir une ville de son nom au milieu d'eux.

Tels sont les bienfaits de la légitimité politique sur le trône ; voici ceux de la légitimité qu'on empêche d'y monter ou qu'on en fait descendre ; car elle semble tenir de la légitimité religieuse, qui, après avoir *passé en faisant le bien*, n'est condamnée que pour en faire encore, et dont le sang est fécond pour la régénération du genre humain. Quand le sang des Bourbons cessa de couler pour notre gloire, il a coulé pour notre salut. La monarchie, tombée le jour où Louis XVI s'est rendu coupable de son premier crime de clémence, s'est relevée le 21 *janvier*. « La « condamnation du roi, dit la philosophie

(95)

« elle-même (1), a tellement ému tous les
« cœurs, que la révolution en a été comme
« maudite. » Il est vrai que l'écrivain ajoute
pendant plusieurs années; mais j'imagine que
la pensée de l'éternité lui est alors échappée.

Le roi de France actuel était lui-même profondément pénétré de cette grande vérité,
lorsqu'impatient de son inaction obligée, et
brûlant du désir de la gloire, il mandait de
Turin, le 18 septembre 1795, à son ambas-
sadeur en Angleterre, par une lettre que
l'histoire a recueillie «...... On craint pour ma
« vie; mais de quel poids peut-être cette
« crainte à côté de ma gloire? Si je péris, la
« couronne passera sur la tête de mon frère,
« plus jeune que moi de deux années. Son fils
« aîné en a 20, et le cadet 18. Il faudrait de
« bien grands malheurs pour que la succes-
« sion courût des risques. Si j'étais tué, loin
« que cet évènement décourageât mes sujets,
« mes vêtemens teints de mon sang redou-
« bleraient leur courage. Il n'y a rien à
« craindre pour le roi, qui ne meurt pas en
« France. Dites aux ministres, en mon nom,
« que je leur demande mon trône et mon
« tombeau. »

____

(1) Mme de Staël.

Il en a été de la mort du duc d'Enghien et de Mᵍʳ le duc de Berry, comme de celle du roi. Elles ont accéléré la chute de *l'empire* qui tolérait la fin de la révolution, et celle du ministère qui caressait son retour. Toutes les sortes de *meurtriers* (car on n'est pas seulement coupable des crimes qu'on a commis, on l'est encore de ceux qu'on n'a pas su prévenir) ne sauraient survivre à leurs attentats; *le pied leur glisse dans le sang.*

Ceux des princes légitimes que le crime n'a pas pu atteindre, font tourner jusqu'à leur exil au secours de leur ingrate patrie. Ils se font ses ambassadeurs chez ses ennemis. Dans la désastreuse campagne du Nord, en 1813, Louis XVIII écrivit, et n'écrivit pas en vain à l'empereur de Russie, pour obtenir sa générosité envers les prisonniers français. « *Peu importe*, lui dit-il, *sous quels « drapeaux ils ont servi; ils sont malheureux, « et je ne vois parmi eux que mes enfans. Que « Votre Majesté daigne considérer combien ils « ont déjà souffert, et adoucir leur malheureux « sort.....* » Dans le moment même où l'infidélité dans l'armée semblait inexcusable, pendant les *cent-jours* enfin, ce même roi paternel, accablé de charges et de devoirs,

trouva de quoi faire passer, de Gand à
Bruxelles, 400,000 fr. pour panser les plaies
de Mont-Saint-Jean.

Mais le moment où la légitimité détrônée
est le plus bienfaisante, est encore celui des
excès et de la chute de l'usurpateur. Lorsqu'après avoir appauvri et *saigné à blanc* la
France et toute l'Europe, qu'il avait reçue ou
attaquée si riche et si populeuse, Buonaparte,
trahi par ses propres imprudences, à la fin
se trouva vaincu et déconsidéré, et ne pouvait plus garder un trône avili; que fût
devenue la patrie malheureuse, s'il ne s'était
pas trouvé quelque membre de la souveraineté légitime? Comme la Pologne de triste
mémoire, elle eût été infailliblement traitée
en ennemie pendant la guerre, et partagée
impitoyablement depuis par des souverains
aigris, pour voir succéder un honteux abâ-
tardissement au règne le plus ancien, le plus
puissant et le plus glorieux. Au lieu de cela,
au moyen de quelques Bourbons que Dieu
conservait à l'écart pendant qu'il châtiait
leurs sujets rebelles, à la façon du père qui,
pour punir ses enfans, écarte la mère, la
France, même après ses dominations cruelles, a pu traiter, sinon avec gloire, du

moins honorablement vis-à-vis de l'Europe.

« La royauté est ressuscitée en France :
« le Roi, sauveur de la France, est sorti des
« ombres de sa retraite au milieu des solen-
« nités qui célébraient le Dieu sauveur du
« monde, sorti de la nuit du tombeau ; et les
« bons chrétiens et les bons Français ont
« chanté avec un double transport : *Hæc dies*
« *quam fecit Dominus* (1). »

La légitimité remonta sur le trône, ou
plutôt se trouva comme n'ayant point cessé de
l'occuper. On tint la révolution pour non
avenue, et la troisième race n'eut point de
lacune (2), respectant tout ce qui était excu-
sable, consacrant et s'appropriant même tout
ce qui avait été fait de bien, ne répudiant que
le mal. Les Bourbons, en rentrant en France,
ne se sont montrés que justes envers leurs
sujets fidèles ; ils ont été généreux envers les
autres. Ils ont rendu aux émigrés ceux-là
seulement de leurs biens qui n'étaient pas
vendus, garantissant par-là la possession du
reste aux acquéreurs.

---

(1) *Journal des Débats* du 3 mai 1814.

(2) Le règne de Charles II fut réputé commencer aussi à
la mort de Charles Ier, et les premiers actes du roi réintégré datèrent de l'an 12 de son règne.

Ils ont relevé avec une bonté et d'une façon qui n'appartient qu'à eux, les sentimens d'une armée instruite contre eux à la victoire. On conseillait à Mgr le duc de Berry d'éviter un régiment dont l'esprit n'était pas encore changé. Il se présente aux soldats, leur disant : « Vous êtes le premier « régiment français que je rencontre ; je viens « au nom du Roi recevoir votre serment de « fidélité. »—*Vive l'empereur!* — *Ce n'est rien*, dit le prince, *c'est le reste d'une vieille habitude.* —Et le régiment cria là-dessus *vive le Roi!*

Louis XVIII a pardonné tous les votes et même toutes les fortunes et tous les crimes de la révolution, et il n'a pas tenu à lui qu'il ne pardonnât jusqu'au parricide *relaps* qui les avait couronnés (1).

Quelques années s'écoulent depuis ce 20 *mars*, qui était venu entrecouper les deux restaurations, et cette France, naguère au dedans si vide d'or et d'habitans, si pauvre de doctrines et de mœurs, et au dehors si délaissée et si

______

(1) « Tout est rassemblé dans le 21 janvier, tout y a abouti « et tout en a résulté, dit très-bien M. de Lally-Tollendal. « C'est pour y arriver qu'ont été commis tous les crimes « qui l'ont précédé ; c'est pour le soutenir qu'on s'est pré- « cipité dans tous ceux qui l'ont suivi. »

malheureuse, s'est trouvée comme par en-
chantement, sans qu'on y pense, et alors
même qu'on le nie, plus riche qu'elle n'a
jamais été dans tous les genres de grandeur.

L'amitié la plus intime et la plus honorable
règne entre elle et les autres nations européennes. Elle a, comme en se jouant, fait
une guerre difficile, et raffermi un trône
chancelant. Les conspirations ont été dé-
jouées avant leur exécution, et leurs auteurs
en ont semblé si peu redoutables, qu'ils ont
la plupart désarmé la rigueur du gouvernement, ou même celle des tribunaux. Une paix
profonde règne en dedans et autour du
royaume. Ses familles sont pleines, et ses ter-
res fécondes. L'industrie et les arts sont portés
à un degré d'activité et d'éclat prodigieux ; et
le trésor public, vers lequel refléchit l'abon-
dance des particuliers, emprunte à des taux
aussi bas que les maisons de banque les mieux
affermies. L'armée trouve dans la fidélité de
ses soldats, une force qu'elle cherchait naguère dans leur nombre ou dans l'appât
que la guerre fournissait à l'ambition. Les plus
beaux temps de l'Eglise gallicane semblent
renaître, et grâce au zèle de ses mission-
naires et à l'exemple de ses fidèles, à aucune

autre époque, je crois, il ne s'est opéré chez les dissidens des conversions plus éclatantes ou des résignations plus dignes d'égards.

Mais le bonheur le plus grand, quoiqu'il ne soit pas le mieux senti, celui dont les conséquences sont le plus salutaires, c'est que les hommes et les doctrines que tant d'élémens de prospérité supposent, ont les premières capacités du siècle et de l'Europe pour défenseurs. Tout ce qu'il y avait de célèbre dans le parti jacobin ou impérial, ne s'est-il pas même vu successivement désertant ses anciens amis, et s'unissant à ses adversaires ? Le royaume de France est enfin si fort (eu égard pourtant à sa faiblesse antérieure), qu'il triompherait, je crois, des fautes même de ses ministres et de son roi.

Et qu'on ne dise pas que cette prospérité, qui se voit dans toutes les parties de la société en France, s'est faite sans son roi. Il ne saurait y avoir que lui pour *cause* efficace dans une société. Si la royauté ou la toute puissance n'était point le mobile, je dirai plus, le générateur de la pensée et des mœurs des faibles (et les sujets les plus forts, sous ce rapport, sont toujours faibles), où serait ce mobile, je le demande?

Voilà ce qu'a fait, en moins de dix années,
avec la puissance de son *nom* et de son cœur,
un Bourbon hors d'état d'aller, de voyager,
un Bourbon *invalide* enfin (car à quoi bon
sous-entendre une qualification dont il se
faisait honneur?), qui recueillait immédiatement le double héritage d'une anarchie et
d'un despotisme puissans et destructeurs,
et qui se trouva un temps en présence de la
révolution et comme aux prises avec elle.

Que ne fera point son successeur, son
frère, le compagnon assidu de son exil, son
précurseur dans la légitimité, celui qui fut
toujours son conseiller le plus dévoué (1) et
son ami le plus fidèle; du nom de *Charles-le-
Sage*, le plus grand roi de France après saint
Louis, loyal chevalier comme François Ier,
aux traits et aux façons d'Henri IV (2), dans
toute la force de l'âge et de la nature, et
père à la fois du sauveur de l'Espagne, de
l'héroïne et du duc de Bordeaux? La restauration est commencée, c'est à lui qu'il sera

______

(1) Ce fut Monsieur qui répondit à ceux qui déploraient
l'état physique du Roi : *Il pensera pour nous, nous agirons
pour lui.*

(2) *Carole reduce, Henricus redivivus.* On a déjà dit, et
l'on retiendra le mot, *Henri IV deux.*

donné de la *continuer* et même de la finir. Louis XVIII a fermé les premières, Charles X *fermera les dernières plaies de la révolution.*

Déjà je crois le voir, j'en jouis par avance.

Au-dedans la paix, la liberté et la justice ; au-dehors la majesté, et la majesté comprend tout le reste.

La révolution, qui libérait toutes les sujétions, était dans l'usage aussi de tyranniser tous les pouvoirs légitimes. La monarchie doit les émanciper tous. Aux pères le droit antique et universel de l'exhédération ; aux premiers nés le droit d'aînesse ; à la corporation, à la commune et à la province le *droit naturel* de régler toutes seules leurs petites affaires de famille. Il faut redouter toutes les justices, si on redoute le pouvoir municipal, les *maîtrises* et les puissances paternelle et fraternelle.

Comme il y a des *libertés* que la monarchie doit *rendre*, il y a des réformes qu'elle doit faire et des *prohibitions* qu'elle doit rétablir ou consolider.

Aurons-nous encore long-temps, sous le nom de *Bulletin des lois*, un arsenal immense où des praticiens à esprits faux découvrent, au gré de leur caprice ou de leur cupidité, des sophismes pour toutes les erreurs, et des justifications pour tous les crimes (1)?

Reculons pour les enfans l'époque de la puissance de faire leur propre malheur. Fermons ces banques de cupidité ou de désordres, dont les comptes, pour eux et pour leurs pères, se soldent par le malheur ou le bourreau.

Jusques à quand les *formes* de la justice civile, destinées à conserver les patrimoines, seront-elles, plus qu'à aucune autre époque de l'histoire de France, et malgré le zèle et la surveillance de la magistrature, dégradées en instrumens de ruine pour les familles, ou de scandaleux enrichissemens pour les officiers ministériels?

Que par la faute du juge, et surtout par celle du *ministère public*, des écrivains sans talent ou perfides, ne distillent pas tous les jours, *à l'usage de la grande* et de *la petite propriété*, et jusqu'à celle des *chaumières*, des poisons privilégiés.

____

(1) Je parle de la nécessité de réviser les *lois*. La commission de *révision* récemment créée ne doit malheureusement s'occuper que des *règlemens*, c'est-à-dire d'une branche très-secondaire, et surtout très-équivoque, de la législation.

Lorsque le pouvoir met des *freins* à la licence, ce n'est pas seulement dans l'intérêt des peuples, c'est aussi dans celui des coupables. « Il faut réduire les factieux à l'im-« puissance plutôt qu'au désespoir, disait un « Montmorency de la vieille monarchie, et « il y a bien plus de charité à lier les mains « à un frénétique, qu'il n'y a de justice à lui « casser la tête. »

Mais il est des *sources de libertés* plus durables et plus fécondes cent fois que toutes celles-là, toutes considérables qu'elles soient, et que nous n'avons pas toute entières, je veux parler du choix des fonctionnaires et de l'indépendance du clergé.

Il faut une dotation à l'Eglise gallicane pour subsister avec honneur, et la liberté, et même *de la presse,* pour agir avec efficacité.

Louis XIV, qui s'entendait si bien à régner, si nous en jugeons par son règne, définissait en ces termes le gouvernement : *Gouverner, c'est choisir. Mettons-nous* donc *au milieu de nos amis, et tendons la main aux autres ;* car tout le secret de régner est là. A quoi serviraient en effet les meilleures lois du monde, les lois de Dieu elles-mêmes, si on les isolait *d'agens* doués à la fois et de l'esprit éclairé

qui leur en démontre la vérité et la nécessité, et de la volonté indispensable pour les
faire exécuter, et du bonheur d'en donner les
premiers l'exemple ? On oublie trop que les
peuples, loin d'être des souverains, sont des
sujets, c'est-à-dire des *enfans* qu'on façonne
à son gré pour le bien ; et c'est pour cela
qu'il n'y a point de calamités populaires que
le pouvoir ou ses agens ne puissent prévenir, et dont aussi ils n'auront à répondre.

J'ai signalé le bien à faire au-dedans, ose-
rai-je signaler celui qui semble se demander
au-dehors ? La France est toute vive de
force ; elle l'est surtout de charité, parce
qu'elle l'est du christianisme qui l'inspire et
qui la commande. Restera-t-elle long-temps
encore inerte devant les révoltes et les
prétentions menaçantes du *Nouveau-Monde*,
et surtout à la vue d'une guerre renouvelée
du paganisme, que livrent, à nos portes, à
des chrétiens malheureux et héroïques qui
nous appellent, ces enfans de Mahomet, les
ennemis naturels et acharnés de la chrétienté toute entière, qui n'attendent, comme
ils n'ont jamais attendu, que la force ou
l'occasion pour l'attaquer (1)? Les Grecs fu-

____

(1) C'est lorsqu'il s'agit des musulmans, qu'on se rap-

rent et sont peut-être encore coupables, je suis loin de le méconnaître ; mais qui nous dit que leur expiation n'est pas consommée ? Dieu ne *charge* jamais personne de sa vengeance, il se contente de *la laisser prendre.* Il en est autrement de sa bonté : il l'ordonne ; et l'ordre existe pour un peuple comme pour un homme, dès qu'un autre peuple, son voisin, souffre. Le moment où nous porterons à la Grèce le secours de nos bras ou celui de notre diplomatie, sera, je n'en doute nullement, le moment et la preuve de son expiation et de sa victoire.

Toutes ces sortes de biens, et, j'ose le dire, d'obligations et de gloires françaises, ne sont pas difficiles. Une autorité qui ne s'ignore pas, n'a qu'une seule chose à faire pour les accomplir ou les mériter, c'est de les vouloir. Il ne saurait, sous l'empire d'un Dieu juste et bon, y avoir de difficile que le mal ; et c'est aussi ce qui arrive. On est *tout seul* pour le faire, au lieu que pour faire le bien, on a Dieu pour

---

pelle naturellement cet *ordre de Malte* qui s'illustra contre eux, et qui serait si propre aujourd'hui à servir encore à l'Europe de *sentinelle* entre elle et l'Asie, et à nourrir le feu sacré de l'honneur militaire.

aide. Les peuples, et surtout après l'épreuve de la bêtise et des calamités des révolutions, sont comme affamés de vérités, de devoirs, de vertus, de sacrifices. Faites des *entreprises* de religion, de monarchie, de famille; alors même que vous stipulerez des soumissions, des impôts, des conscriptions, des vies, tout le monde, et jusqu'à vos ennemis, finira par vous prendre des *actions*. Je ne dis rien que les dix dernières années n'aient proclamé bien mieux que moi. Les méchans ont une sorte de résignation pour la justice. Et quel mal d'ailleurs lorsqu'on a pour soi les bons, d'avoir les autres pour ennemis? C'est le propre de l'autorité légitime.

Le temps n'a jamais été plus favorable pour tant de bien à faire, et tant de bonheur à procurer. Ce gouvernement représentatif, dont quelques hommes semblent redouter la complication et les obstacles, il est possible, et même aisé, selon nous, de le faire concourir à la monarchie. La Charte n'a point de dispositions fondamentales qui ne soient ou qu'on ne puisse mettre, sans la blesser, en harmonie avec les vérités les plus absolues et la politique la plus religieuse. On n'en fera surgir la révolution, et les Chambres ne seront ambitieuses ou républicaines, que lorsque le roi l'aura voulu.

Charles X aura pour le beau règne qu'il est appelé à remplir, la *septennalité*, que le dernier roi avait projetée et obtenue, et dont il n'a pas eu le temps de profiter. C'est bien quelque chose pour des pouvoirs à quelques égards rivaux, et pourtant dans l'obligation perpétuelle d'être en harmonie, d'avoir un peu plus *le temps* de se connaître, car c'est le moyen de s'entendre, de s'estimer, et surtout de conclure.

Le Roi de France ne sera pas au dessous d'une mission aussi sublime.

Quel souverain, je dirai mieux, quel Bourbon a jamais donné plus que lui aux peuples de garanties morales de leur véritable liberté, par sa piété et par ses opinions, par son esprit et par sa bonté, par ses promesses et par ses actes?

Avant, ce prince n'était connu que par ses grâces, son esprit et son courage (1). Lorsque vint la révolution, il montra autant de prévoyance à la juger, que de volonté et d'énergie à la combattre. Il rédigea et présenta

____

(1) Au siége de Gibraltar, en 1782.

à Louis XVI un *Mémoire* sur les usurpations du Tiers et les révoltes de la populace, et la nécessité de les réprimer, qui eût sauvé l'Etat, si l'Etat avait pu être sauvé. On le vit, dès le principe, commander dans les plaines de Champagne ces émigrés auxquels il va incessamment *rendre* la justice. Et c'est pour cela que *sa tête fut mise à prix* par les rebelles, long-temps avant qu'ils songeassent à celle de Louis XVI.

Sa piété se manifesta dès lors comme son royalisme (1). Il chercha dans la religion des consolations que le monde refuse. Et depuis cette époque, dans les cours comme dans l'exil, il ne cessa d'être un admirable sujet d'édification par sa piété profonde et son inépuisable charité.

Mais c'est en France, et au milieu de nous, que ce fils d'Henri IV s'est montré avec toutes les séductions de l'esprit et du cœur.

Les autres paroles de Mgr le comte d'Artois sont belles ; en voici une sublime dans la circonstance de la restauration d'une famille

---

(1) Il ne faut pas s'étonner de cet éloge ; car on voit de nos jours, en plus d'un pays de l'Europe, des monarques libéraux, et on en a vu de jacobins.

de *Rois très-chrétiens.* M. le curé de Plombières recevant MONSIEUR, le 16 mars 18 :, à la porte de son église, lui dit très-heureusement : « *Benedictus qui venit in nomine Domini.—Et in adjutorio altissimi*, répond le prince. Lorsqu'on définit aussi exactement la royauté légitime, il est difficile de ne pas l'accomplir bien. Dieu, en effet, ne donne aux rois l'institution céleste que pour être ses mandataires *ad bonum* sur la terre, et les Bourbons, qui connaissent leur mission, comme on sait, ne lui sont pas infidèles.

Nous avions tant fait de mal à ces princes, que nous avions bien quelque sujet de redouter leur justice à leur retour. Or, qui se lassera jamais de redire ces paroles de paix, de pardon, d'amitié même, d'un *lieutenant de Roi* si digne d'être roi, de MONSIEUR enfin?—«*Les* « *évènemens ont tout fait, nous avons tous été coupables, et personne ne l'a été.* »—« *Il n'y a rien* « *de changé en France, il n'y a qu'un Français de* « *plus.* »

Est-il en voyage, et ses entours le pressent-ils de monter en voiture? — *Paix, messieurs,* dit le prince, *je ne voyage pas pour arriver.*

Un garde national, pressé par la foule, le heurte et s'excuse. — « *Vous êtes tombé sur*

« *mon cœur, c'est la place de tous les Français.* »

Au reste, la bonté de ce prince ne se réduit point à des paroles. Il n'est guère de malheurs de révolution, ou de calamités de la nature que sa générosité ne soit venue soulager, et l'on s'étonne que des revenus si peu considérables aient suffi à tant de bienfaits. Il avait vendu jusqu'à ses bijoux pour secourir ses amis sur la terre étrangère.

Il ne s'est rien fait de noble ou d'utile depuis la restauration, que M. le comte d'Artois n'y ait concouru. N'est-ce donc pas à lui que nous devons l'alliance de son fils, et par conséquent le duc de Bordeaux ? Et cette brillante délivrance de roi qui a eu lieu l'année dernière, on sait qu'il fut un des premiers à en reconnaître la nécessité, à la désirer, à la faciliter, à la prévoir. Après tout, ils ne faut pas s'en étonner : elle devait être un triomphe pour son fils autant que pour la France, et le cœur d'un père est infaillible.

Enfin ce prince est sur le trône. On ne saurait imaginer de mots plus heureux et de promesses plus rassurantes que celles qui sont sorties de sa bouche : la couronne, si difficile à porter, semble lui donner des forces nouvelles.

Il demande les prières de l'Église, parce que, dit-il, « je puis tout avec Dieu, et je ne « puis rien sans lui (1). »

Il reconnaît que « l'instruction publique « est la chose la plus importante (comme « cela est en effet) non seulement pour « nous, mais encore pour ceux qui nous sui- « vront (2). »

Il écrit à ses cours de judicature qu'elles aient à ne pas interrompre le cours de leurs travaux, parce que « la justice est le meilleur « moyen qu'il y ait de s'acquitter envers l'Etat. »

Et entre autres promesses qu'il tiendra, puisqu'il a la *foi* du Dieu qui donne la grâce pour les tenir, il dit avec l'accent d'un loyal chevalier : « C'est pour les Français que je « veux désormais vivre et mourir (3). »

Et puis le premier acte de sa volonté royale consiste à présider lui-même habituellement le conseil des ministres, assisté de Mgr le Dauphin : c'est le moyen de procurer de belles décisions, et de les rendre sacrées.

Jamais, il faut le dire, de plus heureuses

(1) Réponse à Mgr l'archevêque de Paris.

(2) Réponse à S. Exc. le ministre de l'instruction pu-blique.

(3) Réponse à M. le préfet de la Seine.

prémices n'ont mérité tant d'amour et légitimé plus de grandes espérances.

Voilà les admirables bienfaits de l'hérédité dans le pouvoir ; ils se confondent dans ceux de la monarchie, qui ne se conçoit pas, et ne saurait aussi jamais exister sans l'hérédité légitime des trônes. Nous pouvons actuellement le dire, l'hérédité est la sanction de toutes les hérédités, et la sauve-garde de tous les héritages.

C'est donc avec une profonde vérité que, dès les premiers temps du monde, et chez toutes les nations, s'est établi cet axiome éminent de l'ordre social, que *le roi ne meurt pas* plus que l'être immortel qui l'a fait à son image, et dont il relève ; et que les peuples, au cri *le roi est mort*, ajoutent de suite le cri de *vive le roi !* Les hommes naturellement ambitieux et indépendans, à la faveur de ces coutumes tutélaires, n'ont jamais un moment pour prendre le pouvoir, ou pour s'y soustraire. En vain ils chercheraient à *s'élire* un maître ; en vain surtout ils s'efforceraient de se *l'ôter*. La nature a pris les devans, et en a fait un. En même temps que son prêtre dit à la victime : *Fils de saint Louis, montez au ciel,* elle crie au fils de la victime, ou à son frère :

Montez sur le trône! La royauté héréditaire est une sorte de *phénix social*, qui ne meurt que pour renaître, et plus beau, de ses cendres. S'il y a au monde une chose vraiment sublime et sacrée, il faut avouer que la voilà.

Une fois que la souveraineté se trouve placée sur une tête, il faut donc l'y maintenir tant qu'elle peut y rester, c'est-à-dire pendant la vie du souverain (car nous ne sachons pas qu'on ait encore parlé d'une royauté moins que viagère). L'abdique-t-il, ou se trouve-t-il sans parent à sa mort pour en recevoir la transmission, la Providence, ou si l'on veut la force des choses, sait assez bien remplir le vide. Mais hors ces cas, qui sont fort rares, où pourrait-on chercher le souverain? Dans la famille, répond la nature, et la nature répond toujours juste. Qui pourrait répondre au contraire : Hors la famille? Est-ce donc un père? Non, il ne serait pas père, c'est-à-dire bon. Un fils? Moins encore; car il ne serait pas homme, c'est-à-dire amant de la puissance. Ce n'est ni le père, ni le fils, ni le frère, ni un membre quelconque de la famille qui refoulera jamais la souveraineté hors d'elle : C'EST DONC UN ÉTRANGER? Sans doute; car c'est pour lui le seul moyen de n'en être pas exclu. Mais une fois qu'il a le pouvoir (nous le savons)(1), il redevient *père*. Toutes les logiques du monde ne sauraient pas sortir de là.

Ainsi, la grande erreur de l'*élection* des souverains, comme toutes les erreurs, n'est évidemment qu'une erreur d'*égoïsme*.

Les républicains rejettent le système de l'hérédité dans l'État. Ils sont inconséquens ; car ils l'admettent dans la famille, — Quelle n'est pas, vont-ils s'écrier, la différence ? Sans doute, il y a celle du plus au moins ; et précisément, c'est la sorte de différence dans la chose qui en nécessite le moins dans sa règle. Qu'est-ce qu'un État, sinon une *famille en grand*, et la famille sinon un *État en abrégé?* Aussi, n'est-il pas une raison de la succession civile qui ne le soit de l'hérédité politique. L'une des hérédités aussi bien que l'autre est à la fois établie dans un intérêt de justice pour les enfans et dans un intérêt de besoin pour la société.

Les enfans restent et doivent rester à côté de leur père ; ils tiennent ce droit et ce devoir

-----

(1) Et les Anglais aussi ; car Olivier Cromwell fit pour son fils Richard tout ce que Buonaparte fit pour le sien.

de la nature : or, quand vous avez forcé les enfans de *se faire* de la vie et des mœurs du père jusqu'à son dernier soupir, ne serait-ce pas une immense inhumanité, et même une impossibilité que de les forcer tout à coup de s'en dépouiller ? Autant vaudrait leur enlever la vie ; car les mœurs, ainsi que le dit très-bien l'adage, sont *une seconde nature.*

Ce ne serait pas seulement une inhumanité et une impossibilité, ce serait encore une iniquité. Le père ne saurait pas plus être roi qu'autre chose sans ses enfans ; et c'est pour cela que la nature lui en donne. Les enfans-rois règnent avec leur père de la même façon, et avec autant d'efficacité, que les enfans-laboureurs cultivent la terre avec le leur. Dans les deux cas, le bien opéré est le fait des enfans aussi bien, et quelquefois mieux, que celui des pères, ce qui n'ôte rien du mérite et de la gloire de ceux-ci. A la mort des pères, déshéritez les fils, c'est leur *propre* bien que vous leur enlevez !

Aussi Buonaparte, se justifiant de l'élévation de ses frères et sœurs, dit-il très-bien : « *Ma famille, appelée à régner, ne devait pas* « *rester mêlée dans les rangs de la foule ; c'eût* « *été un contresens.* »

Enfin, la grande raison, la raison décisive de la succcesion *ab intestat*, nous voulons dire la nécessité d'éviter à chaque mort da.s chaque maison, les intrusions de l'anarchie, ne militerait-elle pas encore plus en faveur de l'hérédité légitime des trônes?

Ainsi, le droit que Charles X vient d'exercer, il faut qu'il soit bien nécessaire et bien sacré, puisqu'un sujet ne saurait le nier, sans nier aussi, et à la fois, et le patrimoine qu'il a reçu de ses pères et celui qu'il doit transmettre à sa postérité!

Il n'est pas jusqu'à l'*étranger* à la famille légitime qui ne dépose lui-même de l'absence de ses *titres*, dans les vains efforts qu'il fait pour y suppléer.

Il efface des emblêmes accusateurs ; mais l'œil ne voit jamais mieux que ce qu'on a voulu lui soustraire, et le ciseau perfide a gravé la royauté. Il impose son nom aux lois ; il l'inscrit sur les palais, et jusque sur le calendrier, à la place des saints, ne pouvant le placer dans les cœurs. Il s'érige lui-même en effigie au-dessus de colonnes gigantesques (1),

______

(1) Il est rare en France que les grandes, ou même les petites sottises, se fassent impunément. Lorsque Buona-

comme pour exercer en représentation un empire que les volontés lui refusent ; mais la *pierre* empreinte du sang de Louis XVI, à quelques pas de là, *parlait* plus haut en faveur de ses frères, que la colonne impériale n'exaltait son dominateur.

Celui-ci est effrayé de la vieille histoire ; mais l'histoire, comme le libelle, ne se met pas *à l'index*, et il n'est pas plus possible d'en arracher des feuilles que d'y en attacher.

Le présent n'est d'ailleurs pas plus à lui que le passé. Il a sans doute des flatteurs puisqu'il a des esclaves ; mais il n'est jamais plus trompé que lorsqu'il a pensé lire sa grandeur. L'usurpateur d'un trône ne peut l'être de la vérité ; et il ne saurait commander à l'histoire sans lui léguer un crime de plus.

Enfin, l'usurpateur, impatient de sa puis-

---

parte eut fait naïvement placer sur le fronton du palais des Bourbons : *Napoléon, restaurateur du Louvre*, tout le monde rit, et il fallut effacer. De même, il ne se fut pas plutôt érigé au-dessus de la colonne de la place Vendôme, que la poésie lui fit cette réponse :

> Si le sang qui coula pour assouvir ta rage,
> Autour du monument se pouvait amasser,
> On le verrait bientôt atteindre ton image,
> Et tu boirais sans te baisser.

sance ravie, désespérant d'en effacer le vice ineffaçable, s'en va jusque dans la retraite de celui dont il a le temple; ajouter, s'il est possible, à son crime, en en demandant la ratification à sa victime.

Il propose la révolte jusqu'à l'autorité. Mais l'autorité est plus magnanime que l'usurpateur n'a été audacieux; et elle a semblé ajouter à ses droits au trône, dont elle était privée, en le refusant à celui qui l'occupait.

« Je ne confonds pas M. Buonaparte avec
« ceux qui l'ont précédé. J'aime sa valeur,
« ses talens militaires; je lui sais gré de plu-
« sieurs actes d'administration; car le bien
« que l'on fera à mon peuple me sera tou-
« jours cher (1). Mais il se trompe s'il croit
« m'engager à transiger sur mes droits : loin
« de là, il les établirait lui-même s'ils pou-
« vaient être litigieux, par la démarche qu'il
« fait en ce moment. J'ignore quels sont les
« desseins de Dieu sur ma race et sur moi;
« mais je connais les obligations qu'il m'a
« imposées par le rang où il lui a plu de me
« faire naître. Chrétien, je remplirai ces
« obligations jusqu'à mon dernier soupir;

____

(1) Ceci était écrit le 22 février 1803.

« fils de saint Louis, je saurai, à son exemple,
« me respecter jusque dans les fers; succes-
« seur de François I", je veux du moins pou-
« voir dire : *Nous avons tout perdu, fors l'hon-*
« *neur.* »

Louis.

Quelle plus magnifique démonstration du sentiment qu'il a de son usurpation pourrait enfin donner le possesseur illégitime d'une couronne, après des propositions stériles de transaction faites aux rois légitimes, que leur assassinat? Et cette démonstration, Buonaparte l'a donnée en effet, notamment le 21 mars 1804, c'est-à-dire l'année suivante, dans un des fossés de Vincennes!

Et ce fut aussi à cette époque que Louis XVIII renvoya au roi d'Espagne l'ordre de la Toison-d'Or qu'il avait reçu du père, et que Buonaparte venait de recevoir du fils, en écrivant cette lettre non moins admirable que la précédente :

« Il ne peut y avoir rien de commun entre
« moi et le grand criminel que l'audace et la
« fortune ont placé sur mon trône, qu'il a eu
« la barbarie de teindre du sang pur d'un
« Bourbon, le duc d'Enghien. La religion

« peut m'engager à pardonner à un assassin,
« mais le tyran de mon peuple doit toujours
« être mon ennemi. Dans le siècle présent,
« il est plus glorieux de mériter un sceptre
« que de le porter..... »

Louis.

Enfin, lorsqu'un usurpateur a décélé par tous les autres moyens, l'absence de ses titres et la grandeur de ceux de ses nobles adversaires, ne s'avise-t-il pas de recourir à la ressource de sa déchéance et de la restitution ? Dans un moment où Buonaparte pouvait encore très-bien conserver de fait la couronne des Bourbons, on l'a vu songer à la leur rendre, et se dire dans ses réflexions là-dessus : *Ce serait m'élever que de descendre de la sorte* (1).

J'ai fait parler l'homme en faveur de l'hérédité des trônes, il est temps de faire parler la nature.

L'hérédité a tous les avantages, comme l'élection a tous les dangers : c'est que celle-ci est *de l'homme*, et l'autre *de la Providence*. La Providence destinait l'homme à l'immortalité. Il semble qu'elle ait voulu lui en donner

______

(1) Ce fut lors du congrès de Châtillon. (Voyez le *Mémorial de Sainte-Hélène.*)

l'idée dans la prérogative de se reproduire.
Nos *frères* sont un *côté*, nos enfans et nos
neveux sont une *suite* de nous-mêmes. Dans
la famille, on existe l'un par l'autre ; la vie
est solidaire. Tant qu'il en survit un membre,
il est vrai de dire qu'aucun n'est mort, et
que tous survivent. Avec nos enfans nous
renaissons avant de mourir ; l'existence n'a
plus d'ennemi, *la mort n'a plus d'aiguillon.*
Que dis-je? elle est l'amie de l'existence. Par
elle, en faisant place à nos enfans, nous
échangeons de la défaillance contre de la
force. Nous ne nous dépouillons que pour
nous enrichir, et, comme le Rédempeur du
monde, nous semblons ne mourir hommes
que pour renaître dieux. A moins de cela,
comment expliquer dans l'homme perfectionné l'immensité de la tendresse paternelle
en regard de la faiblesse de la piété filiale?

L'homme-roi est sur son lit de mort. Sa
famille est plutôt à ses côtés qu'il ne l'y a
appelée. Le vivant est avide de la *bénédiction*
du mourant, le mourant avide de la lui
donner. On ne sait si le premier désire plus
entendre les dernières paroles, le *testament,*
ou le second les prononcer : *Je vous fais mes
derniers adieux; je veux, avant de vous quitter,*

vous donner ma bénédiction.... *Que Dieu soit
avec vous* (1). Enfin l'homme expire entre les
bras de la vie, *le mort saisit le vif* (2). Qui ne
voit ici l'action silencieuse de la nature, qui
déclare son droit de succession, ou le reconnaît ? Vous qui ne voulez pas de l'hérédité,
mettez donc un mur de séparation entre le
frère et le frère, entre le père et ses enfans !....

C'est donc avec beaucoup de raison, et
pour des vues éminemment sociales, que toujours, et partout, les héritiers de rois légitimes, alors surtout qu'ils étaient le plus
humbles et le plus résignés, ont trouvé dans
leurs entrailles tant d'amour pour chérir leurs
droits ; dans leur âme tant de patience pour
en conserver la prétention, et dans leur volonté tant de courage pour les recouvrer.

On a vu un Antoine de Portugal, tout exclu du trône qu'il était, n'ayant point d'héritier naturel, ne mourir à Paris, où le roi
de France l'avait recueilli, qu'après lui avoir
cédé ses droits au trône, dont on l'avait

______

(1) Propres paroles du feu roi.

(2) Vérité si forte, qu'elle est réduite en adage dans nos
mœurs, comme elle est un principe de jurisprudence.
(*Voyez* les célèbres *Institutes coutumières* de Loisel, titre
des Successions.)

dépouillé. Le cardinal d'Yorck, le dernier des Stuarts depuis long - temps détrônés, mourant à Frascati en 1807, céda aussi au roi de Sardaigne ses vains droits sur l'Angleterre. Et Louis XVIII, malheureux et en exil, dans le moment où Buonaparte semblait le moins impuissant à le remplacer, et paraissait avoir des souverains pour alliés, ajoutait verbalement à l'envoyé secret de cet homme à Varsovie : *Je ne crains pas la pauvreté ; s'il le fallait, je mangerais du pain noir avec ma famille, plutôt que de....* Et ce fut alors que son frère et ses neveux, alors en Angleterre, acquiesçant à sa réponse aussitôt qu'elle leur fut connue, déclarèrent « que si l'injuste em-
« ploi d'une force majeure parvenait à placer
« de fait, et jamais de droit, sur le trône de
« France, tout autre que leur souverain légi-
« time, ils suivraient avec autant de cons-
« tance que de fidélité les lois de l'honneur,
« qui leur prescrivaient d'en appeler jusqu'à
« leur dernier soupir à Dieu, à la France et
« à leur épée. » Lorsque le roi reçut à son tour cette belle protestation, il leur écrivit :
« Votre adhésion m'a exalté, m'a rendu fier
« d'être votre aîné ; j'ai reçu avec transport
« le serment qui la termine si noblement. »

En même temps que l'héritier *de la loi* a tant d'attachement pour la couronne, le souverain *de l'homme* éprouve une sorte d'effroi devant elle. L'histoire a rapporté les détours incroyables employés, les tentatives de tous genres exécutées par Cromwell pour prendre ou recevoir le titre de *roi d'Angleterre. La royauté n'était*, à l'entendre, *qu'une plume attachée au chapeau d'un homme*, et cette *plume* il n'osa jamais la porter.

Buonaparte aspira encore plus, peut-être, au titre de roi, sans pouvoir plus l'atteindre. Il descendit à celui *de consul* ou d'*empereur*, et s'en consola en disant *qu'il fallait que tout fût neuf dans la nature de son pouvoir*.

Qu'est-ce donc que cette royauté mystérieuse, qui, ainsi que la *fortune*, échappe toujours à ceux qui courent après elle, et qui vient d'elle-même se donner à ceux qui *l'attendent dans leur lit?* qui ôte des forces à ses *prétendans*, et qui fait trembler ses possesseurs?

Nous avons tracé le grand tableau des bienfaits de l'hérédité des trônes. Il est temps de jeter un regard sur l'institution suprême, qui seule est en état de les garantir.

Ces bienfaits, comme tous les autres, on les doit à la religion, qui fait, sous peine de mort, aux princes un devoir de commander avec justice, et aux sujets d'obéir avec résignation, c'est-à-dire avec noblesse. Les premiers peuples connurent la légitimité, parce qu'étant plus près de la création, ils en avaient moins oublié les conditions (1). Les peuples intermédiaires et du moyen âge du monde, comme les Grecs et les Romains, la perdirent avec le souvenir de la Providence. Les nations modernes l'ont retrouvée dans le christianisme. Selon qu'elles l'ont plus ou moins *réformé*, elles en ont été aussi plus ou moins privées, et lorsqu'elles ont un moment fait schisme entier avec lui, comme cela nous est arrivé, elles l'ont entièrement perdue ; car, on aura beau faire, la monarchie n'a jamais que le choix de vivre avec la religion ou de se dissoudre sans elle.

____

(1) « Dans les anciennes monarchies, dit l'oracle en cette « matière, le savant Goguet, la couronne a été héréditaire. « Qu'on jette les yeux sur ce que l'histoire nous apprend « des nations soumises au gouvernement monarchique, on « verra constamment le fils succéder au père. Chez les Ba- « byloniens, les Assyriens, les Égyptiens, les Indiens, les « Chinois, les Arabes, les Atlantes, chez les Grecs et les « *Gaulois*, c'était ordinairement le fils qui montait sur le « trône après la mort de son père, et ordinairement le fils « aîné. » (*Origine des lois*, tome 1er, pages 27 et 28.)

Conservons donc la légitimité religieuse, si nous voulons conserver l'autre. Soyons religieux, nous serons infailliblement fidèles.

Bientôt, Charles X va courber son front royal sous la main du successeur de saint Remy, dans la vieille basilique de Reims.

Le sacre d'un roi n'est pas seulement un devoir, parce que c'est un besoin pour lui, c'est de plus un droit et un besoin pour la France. Tous les *pouvoirs* dans le monde restent humains, c'est-à-dire *impuissans*, s'ils ne sont *consacrés*. Mais c'est dans les grandes fonctions sociales, dans la royauté et dans l'épiscopat, c'est-à-dire dans les fonctions où l'orgueil est plus particulièrement *un monstre qui se nourrit de vertus*, que l'homme a le plus besoin des secours célestes, et que la suprême autorité religieuse épuise aussi ses trésors de grâces pour le *sacrer*. Il est assez naturel que l'apôtre du Seigneur *bénisse le roi qui vient au nom et au secours du Seigneur*. Une chair empreinte d'huile sainte fait faillir à la fois le poignard du républicain, les conseils funestes de l'homme de cour, et jusqu'aux volontés mauvaises du monarque. C'est le *triple airain* qui rend véritablement la royauté *inviolable*. On dirait (ayons la force de l'exprimer) que, jusqu'à son sacre, il manque quelque chose à la légitimité, et qu'un rebelle ne soit pas encore coupable de lèze-majesté.

Le pouvoir politique, en appelant la religion à son secours, ne craindra pas la suzeraineté de la religion. Les rois comme les sujets ne se dégradent pas, ils se fortifient et s'honorent en s'humiliant devant Dieu. Saint Louis et Louis XIV, *Charlemagne*, *Charles-Quint* et *Charles-le-Sage* étaient *oints du Seigneur* lorsqu'ils étaient les maîtres ou l'exemple de la chrétienté. Et si le petit souverain de nos jours, qui voulait aller sur les brisées de ces souverains extrordinaires, tomba dès ses premiers pas dans la carrière de l'empire européen, qui nous dit que ce ne fut point parce que son *sacre* avait été manqué (1)? L'exemple de Louis XVI n'a pas de difficulté, je pense ; car si sa vie a été faible, sa mort a été surhumaine. Elle a, plus qu'aucune autre chose, fait le salut de l'Europe, car elle a fait celui de la France.

----

(1) On sait qu'à la cérémonie de son sacre, Buonaparte, refusant de recevoir sa couronne du souverain pontife, la plaça *lui-même* sur sa tête.

On le conçoit : la royauté de ce prince reçut un double baptême, celui de l'huile à son sacre, et celui du sang à sa mort.

Le sacre des rois par les pontifes est à la fois la plus sûre garantie de la grande *union du sacerdoce et de l'empire*, principe et sauve-garde de la société, et le plus magnifique sujet d'édification qu'il puisse y avoir pour les peuples. Quoi de plus propre en effet

A confondre l'orgueil par d'illustres exemples,

que de voir les rois de la terre *prosternés devant* le Dieu du ciel, et le reconnaissant pour celui *par lequel ils règnent*, et auquel ils sont responsables de leur justice ?

C'est un beau système que celui où la royauté s'identifie, pour ainsi dire, avec le sacerdoce ; où tous les pouvoirs (et même tous les pères et tous les hommes) sont par les *sacres* ou par les *sacremens* comme érigés en dieux, et où le sujet se trouve ainsi forcé d'obéir à son maître comme à *Jésus-Christ* (1),

______

(1) C'est la *règle* donnée à une société célèbre par un souverain pontife, en ces termes sublimes comme la chose : *Singuli subditorum in duce Christum veluti præsentem agnoscant.*

et ne saurait se rendre coupable d'attentats, qu'il ne se rende coupable de déicide.

Mais c'est surtout à vous, ô mes concitoyens! qu'il appartient de seconder les légitimés, parce que c'est à vous qu'il est le plus donné d'en tirer orgueil. Vos princes sont véritablement la *famille royale européenne*.

> Celte race immortelle, à la France si chère,
> Donne des saints au ciel et des rois à la terre.

Ils n'ont cessé aussi ces princes-là de faire des rois, mais ce n'a jamais été que comme des principes de bienfaisance. Les Bourbons règnent sur vous; mais c'est par eux que vous semblez régner sur l'univers. Vous leur devez vos grands hommes, votre littérature savante, vos arts magnifiques, votre police prévoyante, votre magistrature éclairée, vos invincibles phalanges, vos mœurs humaines et polies.

C'est aux vertus, c'est aux prières de nos ancêtres qu'Anne d'Autriche, après vingt-deux ans de stérilité, a mis au monde Louis XIV; et c'est aux nôtres, n'en doutons pas, que, par une grâce encore plus éclatante, on a vu la main de Dieu détourner le régicide le plus profondément ourdi qu'il y ait jamais eu, et faisant jaillir la vie à côté de la mort, plaçant le berceau de Mgr le duc de Bordeaux à côté de la tombe de son père, réfuter un athée par un miracle, et tromper un jacobin par un roi.

Unissons - nous donc autour d'une race *donnée de Dieu;* soyons tous, du moins dans le cœur, membres de la *Société des Amis de la légitimité* et de celle *des Amis du berceau,* qui se sont formées pour la chérir; et si jamais il arrivait que notre salut fût menacé dans le sien, devenons tous soldats pour la défendre!.....

TROISIÈME PARTIE.

—

DU TESTAMENT DE BUONAPARTE MIS EN REGARD DE CELUI DE LOUIS XVI (1).

L'HISTOIRE n'aura pas besoin de songer à *l'acte d'accusation* de Buonaparte. Il a pris lui-même le soin de le dresser (2).

(1) Le fonds de cette troisième partie, avec quelques pages analogues de la première, a déjà été publié. Mais les exemplaires s'en sont épuisés sans que les journaux de l'opposition aient songé à opposer un mot à la politique de l'auteur. J'ai perfectionné cette partie de l'ouvrage, et j'ai pensé qu'elle allait assez bien avec les deux autres. Si, du reste, j'ai été sévère dans mon jugement sur Buonaparte, c'est que la vérité est elle-même sévère. J'aurais voulu pour beaucoup pouvoir concilier mes sentimens avec mes devoirs; car la triste destinée de Buonaparte m'intéresse encore, alors même que je la justifie. Comment n'inspireraient pas encore des égards, et même de l'intérêt, et ces braves qui l'entouraient de leurs victoires, et ces amis fidèles qui ont tout sacrifié peut-être pour le suivre dans l'exil, et cette épouse qui devait l'aimer, et ce fils qui devra l'aimer davantage encore? Mais les devoirs doivent l'emporter sur les émotions, et un usurpateur et un tyran, pour être à nos yeux, comme tous les autres méchans, un *cher ennemi*, n'en est pas moins un *ennemi*.

(2) Je ne prêterai pas un mot à Buonaparte qui ne se

Il reconnaît que sa monarchie était toute
dans les faits, « et CELLE DES BOURBONS
« DANS LES DROITS. »

---

trouve *en toutes lettres* dans ses Mémoires ou dans ses con-
versations les plus authentiques. La littérature de Buonaparte est, en tout point, digne de la pensée et de la vie
dont elle est l'expression : *rem verba sequuntur.* Comment
se fait-il donc qu'un écrivain distingué, M. le baron Massias, en disant que Buonaparte, comme philosophe, *était
égal à Montesquieu par sa profondeur,* n'ait pas craint de
dire aussi que Buonaparte, comme écrivain, *était égal à
Tite-Live par sa fécondité?* » Ce serait un phénomène dans
le monde, que d'être Tibère et Tacite à la fois ; et ce phénomène, Buonaparte ne le sera jamais.

Si maintenant les *professions de foi* d'un individu étaient
de quelque importance, lorsqu'on a ses *faits et gestes,* que
pourrait-on penser d'un homme qui ne fait pas difficulté
de vous apprendre, en cent occasions, qu'il *a toujours été
fataliste autant que les Turcs;* que chacun *doit conserver la
religion,* fût-ce le déisme ou l'idolâtrie, *dans laquelle il a
été élevé;* que son *système était que chacun crût à sa manière, et que tous les hommes fussent égaux, qu'ils fussent
protestans, catholiques, mahométans, déistes,* etc., etc.; et
son projet d'attirer en France, et au grand avantage de la
religion et de l'*industrie,* les *juifs* de toutes les parties de
l'univers ? Quelle opinion enfin pourrait-on se former d'un
philosophe qui vous définit *l'homme un animal, seulement
plus parfait que le reste?* qui vous proclame *qu'il a toujours
pensé que la souveraineté était dans le peup'e, et qu'en effet
le gouvernement impérial était une espèce de république?* et
qui enfin (car il faut bien en finir avec cet homme) ne
trouvait rien de mieux que la *polygamie* pour compléter la

Il nous déclare « qu'il fallait que tout fût
« neuf dans la nature de son pouvoir, afin
« que *toutes les ambitions trouvassent de quoi*
« *vivre.* »

Il nous affirme que « *le jour le plus beau*
« *de sa vie* fut celui de la bataille de Ma-
« rengo, où les *jacobins* étaient forcés de le
« remercier de *la victoire*, car elle était *à*
« *leur profit.* »

Il n'a pas craint de dire « qu'il *était à lui*
« *seul une révolution*, et qu'aussi la cause de
« la révolution fut vaincue lorsqu'il fut vaincu
« lui-même. »

Il déclare que pour subsister « il était obligé
« de rester toujours victorieux, forcé de res-
« ter sur le pied de guerre, et de fatiguer
« l'Europe ; qu'il fit les peuples de l'Europe
« conquérans malgré eux ; que *son métier* fut
« long-temps d'ébranler les trônes ; qu'il créa
« l'anarchie en *Espagne* » (c'est-à-dire apparemment la guerre civile, le plus grand
fléau qui puisse affliger les peuples) ; « qu'il
« n'accorda dans le temps la paix à la maison

bonne intelligence des *blancs* et des *noirs* dans nos colo-
nies ?..... Voilà un échantillon de *l'esprit des lois* de Buonaparte.....; je ne m'étonne pas qu'on l'ait comparé, du
moins pour le fonds, à l'*Esprit des lois* de Montesquieu.

« d'Autriche que parce qu'*il n'aurait eu que*
« *faire d'un pays qui n'était pas monté pour*
« *la révolution* (1) ; qu'il ne traitait avec les
« peuples que pour les rendre *complices* de sa
« grandeur ; qu'il ne s'est même allié à la fille
« d'un roi que parce que, par-là, il devenait
« *complice* de sa grandeur ; » c'est évidemment
complice de ses attentats que Buonaparte a
voulu dire ; car on ne saurait être *complice*,
c'est-à-dire *coupable*, que de crimes ; et quel
ra port y aurait-il entre des *crimes* et de
la *grandeur?*

Le soldat, c'est-à-dire l'homme apparemment, qui est une intelligence servie par des
organes, il nous dit « que ce n'est qu'*une ma-*
« *chine nerveuse.* »

Et il ose proclamer en conséquence qu'il
a *organisé* la coupe réglée des enfans de la
France (il dit *la conscription*, je ne change
rien à son dire), « comme une loi rigou-

---

(1) Ailleurs, il ne fait pas difficulté d'avouer que s'il avait
vaincu la Russie, *il aurait proclamé la liberté de tous les
esclaves, pour se procurer l'union d'un parti immense.* Ce
qu'il dit de la Russie, ne le dit-il pas encore de l'Angleterre ! « *J'aurais proclamé la république, la distribution de
la fortune des opposans. La liberté, l'égalité, la souveraineté
du peuple ; tout cela m'aurait fait des partisans.* » Quant au
souverain pontife, il avait le projet d'en faire *son aumônier!*

« reuse, mais GRANDE, ET SEULE DI-
« GNE D'UN PEUPLE QUI CHÉRIT SA
« GLOIRE ET SA LIBERTÉ (1); » et qu'il a
ordonné le meurtre du duc d'Enghien, « parce
« qu'il décidait la question qui agitait la
« France; parce qu'il décidait de lui, Buona-
« parte, *sans retour* (2). »

Buonaparte enfin nous avoue que *s'il y
a eu dans sa carrière un moment qui mérita
l'estime de la postérité*, ce fut le moment inouï
dans les annales des nations, où les cendres
d'une des plus grandes cités du monde furent
le signal d'une catastrophe où, par sa faute,
périrent de froid et de faim, et presqu'à la
fois, 300,000 enfans qu'il avait arrachés aux
toits paternels.

Si la justice humaine n'est pas un vain nom,
si le Dieu dont elle relève n'a pas ceint inuti-
lement les rois du glaive, si la société a besoin d'un petit nombre de châtimens pour
s'épargner un grand nombre de crimes, si

______

(1) Et même, selon lui, *le temps serait venu où une fille
n'aurait pas voulu épouser un jeune homme qui n'eût pas été
conscrit.* Serait-ce donc cet ancien et fameux supplice d'ac-
coler des êtres vivans à des cadavres, que Buonaparte voulait renouveler ?

(2) Ah ! pour cela, je le crois vrai. Le jour où il a donné
l'ordre du régicide, Buonaparte a *été fini.*

enfin le pouvoir, afin d'avoir la faculté d'être
bon, doit se montrer quelquefois sévère ; arrêté dans sa course de tyrannie devant le droit
et la force de l'autorité européenne, le grand
criminel de lèze-majesté et de lèze-nation,
le bourreau qui avait donné la mort à tant
de millions d'hommes, méritait assez bien,
j'imagine, de la recevoir. Cependant, ces
souverains qu'il s'était plu d'humilier ou
de détruire, le traitèrent en infortuné. Ils
eurent même la générosité de le traiter en
roi. Ses immenses trésors lui furent laissés ;
une île toute entière, au sein des peuples les
plus policés de l'Europe, lui fut cédée en souveraineté, à côté de celle où il était né presque
sans pain.

Que fit alors Buonaparte ? La vie, la liberté,
les biens et la puissance que lui laissèrent les
rois, il les tourna contre eux ; il viola les
traités qu'il avait jurés ; il conspira contre ses
bienfaiteurs (1) ; il se rendit coupable de tous

---

(1) Je sais bien que Buonaparte dit qu'il n'a conspiré et
exécuté *le 20 mars* que pour s'être cru menacé, dès avant,
de sa translation à Sainte-Hélène. Si la Sainte-Alliance avait
effectivement eu ce projet, il est évident que c'étaient *les
mouvemens* de Buonaparte qui le lui eussent suggéré. Et depuis quand les coupables se feraient-ils un titre de leurs ma-
chinations, pour faire à leurs juges un crime de leur vigi-

les crimes et de toutes les faiblesses auxquels il faisait un appel, et qui, de toutes les
parties de l'Europe, allaient lui répondre;
comme il le dit lui-même, il vint *recommencer
une révolution, pour se donner toutes les ressources qu'elles créent* (1). Pour le bon plaisir
de relever un orgueil justement abattu, ou
de se procurer la volupté de la mort (2),
il vint lever en France, et obliger ses ennemis à lever en Europe de nouveaux impôts
d'or et de sang, et donner au monde, dans
les plaines de Waterloo, une dernière représentation de la haute tyrannie.

Le crime avait été porté à son comble.
L'histoire universelle n'offrait pas d'exemple
d'un aussi insatiable orgueil, d'une ingratitude
aussi odieuse, d'une aussi noire perfidie, d'un
despotisme aussi désastreux. Cette fois du
moins les souverains européens, si généreux
l'autre, vont se montrer sévères, et la justice
trompée va reprendre ses droits. Des hommes que lui seul a faits coupables en les fai-

lance? Depuis quand surtout serait-il permis à un homme,
pour se sauver tout seul d'un exil même immérité, de
mettre le feu aux quatre coins du monde?

(1) *Voyez* l'ouvrage de M. le baron Massias, p. 159.

(2) « J'aimais, dit Buonaparte, l'autorité du quartier-général et l'émotion du champ de bataille. » *Ibid.*, p. 33.

sant ses complices, ont payé de leurs têtes
leur complicité : la sienne ne sera pas épar-
gnée. Elle le fut, ainsi que ses anciens trésors, multipliés par de nouveaux. On ne lui
ôta que la facilité d'une révolte et d'une usurpation nouvelles, en plaçant entre la France
et lui l'Océan : ce n'était pas, que je sache,
de l'inhumanité.

La Providence fait presque toujours tourner à salut l'adversité ; cet orgueil, qu'une
première défaite avait laissé debout, fléchira
sûrement devant la dernière. Un homme qui
naguère régna sur l'Europe au milieu de millions de serviteurs à ses ordres, et aspira
peut-être à régner sur le monde, se trouvant
relégué sur un rocher solitaire au bout de
l'Afrique, n'ayant pour spectacle que des
flots et des tempêtes, avait assez sujet de
reconnaître la vanité d'une puissance usurpée et le bonheur d'une légitime retraite. S'il
avait pù un moment douter de sa tyrannie et
et de son impuissance à gouverner sans cor-
rompre, il lui fut aisé de s'en convaincre,
lorsque quelques années furent écoulées depuis sa déchéance. Sous les auspices de la
légitimité, la paix la plus profonde et le gouvernement le plus paternel succédèrent im-

médiatement à la guerre la plus effroyable,
et ne furent point interrompus (1). Toutes
les nations européennes, froissées sous sa domination, se reportaient vers leur vieille
splendeur. Le temps, qui s'employait naguère à imposer ou à subir la révolution
dont il était l'enfant gâté, fut employé à la
juger: tous les publicistes, et surtout les plus
éclairés, montrèrent aisément le triple crime
de ses causes, de ses moyens et de ses résul-
tats. Les hommes qui avaient le plus gagné
au règne de Buonaparte, et qui ne pouvaient
plus espérer de gagner à d'autres, les hommes enfin qui lui avaient été le plus sincère-
ment dévoués, comme Fouché, Cambacérès
et Lebrun, avaient fini par déserter sa cause
et par avouer ses crimes en avouant les leurs.
La révolution, ainsi que lui, n'étaient plus
défendus enfin que par le petit nombre de
ces hommes dont l'ignorance et la mauvaise
foi neutralisent l'autorité.

Nous venons de signaler de grandes causes

---

(1) Buonaparte ne fait pas difficulté de le reconnaître net-
tement lui-même. « Le rétablissement des Bourbons était,
dit-il, *la seule manière d'éteindre sans retour le feu révo-
lutionnaire..... Je dirai plus : le retour des Bourbons était
un bonheur pour la France.* » Ibid., p. 149.

de résipiscence pour Buonaparte ; en voici une immense. Cet homme était né fort ; mais il avait usé sa vie dans la corruption des camps et les libertés de la puissance. Privé des lumières et surtout de la foi religieuses qui font, même de l'adversité, un bonheur, l'exil était pour sa santé une nouvelle cause d'affaiblissement. Il nourrissait d'ailleurs dans le sein un principe héréditaire de mort qu'on lui avait révélé. Quoique jeune encore, il était dépourvu de l'espoir d'une longue vie. La mort, et avec elle le désenchantement d'une vie coupable, la crainte d'un Dieu irrité, l'expectative d'une postérité sévère ; le devoir, le besoin, l'intérêt, la gloire d'une magnanime reconnaissance de ses erreurs et de ses crimes, étaient donc les tableaux naturels qui s'offraient à sa vue.

Enfin le moment arrive où le grand gladiateur exilé ressent les dernières atteintes d'une maladie mortelle. Il se trouve comme tête à tête avec la mort : le moment est décisif ; car c'est là que l'histoire l'attend pour le juger. Deux partis, mais opposés, étaient à prendre : l'un éclairé, sage, magnanime, et ausi glorieux pour lui-même qu'utile et exemplaire pour la société ; l'autre honteux, lâche

et stupide. Le premier rassurant, le second
terrible. Il s'agissait, pour un grand coupable, d'effacer ses crimes par le repentir,
ou de les aggraver par l'impénitence. Il s'a-
gissait enfin d'un testament chrétien ou d'un
testament impie : c'est à celui-ci que Buonaparte s'en est tenu.

Ainsi la mort de Buonaparte a été digne
de son existence, et son testament *athée*
comme ses *lois*. L'orgueil, l'envie, le men-
songe, l'hypocrisie, l'audace, l'esprit d'iniquité et de révolte, et jusqu'à celui de meurtre et de régicide, en un mot toutes les passions qui ont signalé sa vie sont écrites, et
même signées à toutes les pages de son testament.

Buonaparte fait d'immenses dispositions
de biens. Il ne lègue pas seulement le mobi-
lier considérable qu'il devait à la générosité
des rois à Sainte-Hélène, il lègue encore les
mobiliers de *ses palais* de France et d'Italie ;
il lègue même de nombreux millions prove-
nant *des épargnes annuelles qu'il faisait sur
sa liste civile.* L'individu qui a été jugé et
condamné par une assemblée de peuples
et de rois, comme coupable d'usurpation de
tout un royaume, et par conséquent, de

tous ceux des biens royaux qui ne lui sont pas formellement abandonnés ou promis par l'arrêt politique rendu contre lui, ne craint pas de s'en considérer comme propriétaire, et de les transmettre en cette qualité! A cet égard, il n'y a qu'un mot à répondre : si l'usurpateur déchu avait ce droit, quel serait celui du prince légitime réintégré? Quant aux legs des décomptes de la liste civile impériale, il y a une iniquité de plus. Buonaparte, qui, dans son domaine privé, aussi bien que dans celui de l'État, anticipa constamment sur ses revenus à venir, ne craint pas d'avancer *qu'il faisait annuellement douze millions d'épargnes !* il en dispose en conséquence, et joignant à l'impudence la dérision, il lègue ainsi l'or qu'il a dévoré.

Mais les vues de révolte se montrent encore plus dans cette disposition que celle d'illégalité. Buonaparte a moins envie de donner à des gens qu'il aime, que de nuire à ceux qu'il haït, c'est-à-dire, aux rois légitimes et à la société. « Ces millions de la liste civile, *je les lègue,* dit-il, *en deux parties : une moitié aux officiers et soldats de l'armée française qui ont combattu depuis 1792 jusqu'en 1815 pour la gloire et l'indépendance*

*de la nation; l'autre moitié aux départemens
qui ont souffert de l'invasion. »*

La preuve que vous ne vous souciez pas beaucoup de vos légataires ruinés ou illustrés par la guerre, c'est que vous n'avez rien oublié pour leur procurer l'invasion ou la mort. Aussi est-on en droit de rétorquer contre vous ces fameuses paroles que vous adressâtes jadis au Directoire pour prendre sa place : « Qu'avez-vous fait de cette France « qu'on vous avait laissée si florissante ? Où « sont *ces officiers et ces soldats qui ont com-« battu depuis 1792 pour la gloire et l'indé-« pendance de la nation?* » Ils ne sont plus. Cet argent que vous léguez, il faudra donc le compter sur des tombes !

Mais s'il vous importait peu d'indemniser des malheureux ou des dignes, il vous importait beaucoup de satisfaire des ressentimens et de procurer des réactions ; et quoi de plus propre à préparer les troubles que de *distinguer,* pour le récompenser, le parti de la république et de l'usurpation, dans le sein d'une société où celui de la royauté a fini, comme il finira toujours par prédominer? Ainsi, ce n'est pas de l'argent, c'est *de la discorde* que vous avez léguée, et au

lieu d'une vertu dont vous aviez la prétention, c'est un crime que vous avez commis.

La perfidie que vous décélez dans vos
legs dérisoires aux soldats républicains ou
impériaux, vous la montrez mieux encore
dans les legs que vous faites à ce que vous
appelez *les braves* de votre dernier interrègne.
Les premiers ne furent que faibles ou purent
même être honorables ; les autres furent coupables : quelle serait leur excuse? Vous ne
direz pas que c'était *l'anarchie*, c'était bien,
j'imagine, la monarchie que *vous détrôniez
au* 20 *mars*. Et alors même que c'étaient
des *braves*, c'étaient des infidèles qui vous
servirent dans ce dernier œuvre. Ils encou-
rurent donc une peine, ou une amnistie,
qui est encore une peine, pour prix de leur
félonie. L'autorité royale, et même législa-
tive et européenne, la leur a infligée ; et
vous vous avisez de leur décerner des récompenses! Ce n'est pas seulement nier le
mal, c'est le prétendre le bien et lui donner
ses priviléges ; c'est se mettre en révolte
ouverte avec le pouvoir légitime : je ne
sache pas d'attentat plus grand.

Le testament de Buonaparte ne stipendie
pas seulement la révolte, il salarie encore

(147)

l'assassinat. « Je lègue, dit-il, 10,000 francs
« à l'officier subalterne Cantillon, qui a été
« mis en jugement comme accusé d'avoir
« voulu assassiner lord Wellington. *Cantil-*
« *lon avait autant de droit d'assassiner cet*
« *oligarque,* que celui-ci en avait de m'en-
« voyer périr sur le rocher de Sainte-Hélène. »

Buonaparte, en se faisant ici le rénuméra-
teur et l'avocat du crime, n'aura pas même
le triste privilége de l'excuse accordée, dans
un siècle dégradé, aux crimes d'Etat, qui
pourtant sont générateurs de tous les autres :
c'est un crime isolé et nu, c'est un crime
individuel qu'il récompense et qu'il justifie.
Il sort ici du rang des criminels honorés,
pour se placer dans celui des scélérats :
comme il en a la perversité, il en aura aussi
l'infamie toute entière.

Cantillon, soldat misérable, *avait autant*
de droit d'assassiner le duc de Wellington,
qu'une assemblée de rois chrétiens (1) *en avait*
d'envoyer Buonaparte à Sainte-Hélène! Je ne
crois pas qu'il puisse y avoir une plus épou-

____

(1) Car lord Wellington n'est mis par Buonaparte vaincu
à leur place, que pour faire calomnieusement de son exil
une affaire de vengeance dans son vainqueur.

vantable proposition que celle-là. Elle est le déni et le renversement de tout ce qu'il y a de nécessaire, et par conséquent, de vrai et de sacré dans la société, *l'abstension* dans le particulier, et le droit de glaive dans le pouvoir, et dans le pouvoir européen plus éminemment qu'en aucun autre. Elle est aussi, et en même temps, le déni de la *distinction* même *du bien et du mal*, du crime et du devoir ; car où serait cette éminente distinction, s'il était vrai que Cantillon eût *autant* le droit de mort contre un individu que le congrès de Vienne ou de Paris le droit d'exil contre un autre ?

Lorsque vous vous faisiez à la fois le rémunérateur et l'apologiste de l'assassinat gratuit et prémédité de l'homme illustre qui vous vainquit à Waterloo comme à Talaveyra, saviez-vous bien le légitime soupçon que vous faisiez planer sur votre tête ? celui d'avoir provoqué cet assassinat, comme vous en avez, de votre propre aveu, voulu et provoqué un plus grand.

Or, provoquer un assassinat, et surtout le légitimer et le *reconnaître*, c'est bien autre chose que de l'exécuter. Il faut une sorte de courage à qui se procure et enfonce un poignard (1); car en usurpant ostensiblement le droit de glaive, on affronte le glaive; et pour se mesurer avec un meurtre, il est nécessaire de ne pas redouter l'échafaud. Au contraire, lorsqu'on n'enfonce pas, mais qu'on suscite seulement le poignard, on commet le crime d'assassinat avec celui de lâcheté de plus.

Mais il ne faut pas se méprendre sur l'étendue et la profondeur de cette provocation d'assassinat. Buonaparte ne paraît pas en avoir voulu à lord Wellington comme particulier, comme Anglais même et son vainqueur, mais bien comme le mandataire intelligent et armé de tous les rois européens *saintement alliés* contre lui (2). Lors donc que Buonaparte loue et stipendie le meurtrier de lord Wellington, c'est, au fonds, le meurtrier des rois unis qu'il loue et qu'il stipendie. Du rang de meurtrier d'un citoyen, il s'élève ainsi à celui de meurtrier d'une assemblée de rois.

Il ne manquait à ses malheurs que celui

____

(1) Il est vrai que Buonaparte a eu le courage de ceindre un *poignard*, puisqu'il le *lègue!*

(2) Ce qui le prouve, c'est qu'il accuse *Wellington tout seul* de son exil.

de se trouver *mêlé* au dernier des régicides européens, à un régicide encore fumant; et ce malheur existe. Cette *louve* furieuse qui portait aussi nuit et jour un *poignard,* et qui en avait à rechange; ce scélérat qui, durant plusieurs années, faisait furtivement *la chasse aux princes* dans les forêts royales, les *poignarda* dans Paris, et proclama, pour sa défense, la mort de Louis XVI comme une *mort nécessaire* et par conséquent juste, avait été *de la garde* de l'empereur, fut à son service à l'île d'Elbe, vola à sa rencontre à Lyon, le suivit côte à côte à Paris, l'assistait dans les combats, l'accompagna dans les retraites, et ne l'abandonna qu'à l'Océan !

Mais il semble que Buonaparte ait pris à tâche de ne quitter un crime dans son œuvre dernière, que pour se jeter dans un plus odieux.

Une des premières nuits de votre usurpation, représenté par procureurs, dans un fossé solitaire, à la lueur d'une lanterne, vous aviez dirigé des balles dans le cœur d'un Condé à la fleur de l'âge, traîtreusement enlevé du sein de la paix domestique. La lumière réfléchit, le coup retentit, en un moment, de Paris dans la France, de la

France dans l'univers. Il n'y eut dans le monde qu'un cri à cette exécrable condamnation, ce fut le vôtre. Ce cri n'a pas cessé un moment depuis. Si le jugement que la *Sainte-Alliance* prononça contre vous en 1814 avait pu être rédigé, le meurtre du duc d'Enghien en eût été le plus légitime *considérant*; car le crime de vos spoliations, celui de vos guerres, vous les aviez commis avec la France: celui du meurtre du duc d'Enghien, vous le commîtes tout seul.

Depuis cette époque, l'opinion européenne, rendue libre, proclama (car elle n'eut pas besoin de prouver) votre attentat. On a vu même vous trouver à cet égard horriblement criminel, jusqu'à un homme qui, par la nature de son état et la tendance de son esprit, est dans l'habitude de trouver innocens et peut-être vertueux tous les accusés. Il y avait donc tout lieu de croire qu'en cela du moins vous seriez de l'opinion universelle. Il y allait de votre devoir, il y allait de votre intérêt, et même de votre orgueil et de votre gloire. Les hommes, aussi bien que Dieu, pardonnent au coupable tout ce qu'il avoue, et ne *retiennent* que ce qu'il nie et surtout ce qu'il justifie ; et Dieu a façonné le cœur humain de façon qu'il est moins blessé de sa faute que flatté de son repentir.

Or, voici pourtant ce que vous avez écrit littéralement dans votre testament : « J'ai « fait arrêter le duc d'Enghien, et je l'ai fait « juger, parce que *cette mesure était essentielle* « *à la sûreté, à l'intérêt et à l'honneur du peuple* « *français,* lorsqu'un prince de la maison de « Bourbon, ainsi qu'il en est convenu lui- « même, entretenait soixante assassins à Paris. « *En pareille circonstance j'agirais encore de* « *même.* » Un grand crime, un régicide de seconde majesté *essentiel à la sûreté, à l'intérêt, à l'honneur!* L'assassinat légitime d'un Bourbon par Buonaparte, parce qu'un Bourbon aurait, dit-on, conspiré illégalement contre Buonaparte! Il faut le dire, ici ce n'est pas la dénégation de la distinction du bien et du mal, mais bien l'usurpation de l'un à la place de l'autre, et l'attribution qu'il se fait de ses attributs. Ce dernier crime est, si je ne me trompe, encore plus grand que l'autre. Il ne faut pas, après tout, s'étonner de cette révolution morale : elle est l'inévitable conséquence de la *révolution* politique. Lorsque les méchans sont à la place des bons dans l'autorité, il faut de nécessité que le crime

devienne vertu et la vertu crime. Reste à
savoir si, parce que le pouvoir est usurpé de
fait, de droit il a cessé d'être, et si les Bourbons n'étaient plus rois parce qu'il avait plu
à un de leurs sujets de se mettre à leur place?
Trop long-temps nous avons reculé honteu-
sement devant les questions et les solutions
les plus simples et les plus évidentes : hâtons-
nous de les présenter et de les résoudre.
Si les Bourbons étaient des rois légitimes
en 1789, ils ne cessèrent pas plus de l'être
en 1800 qu'en 1793; car c'est un privilége
du pouvoir légitime, qu'il se confirme et se
fortifie de tous les attentats dirigés contre
lui. Or, je n'examinerai pas si les Bourbons
ont exercé par la guerre ou autrement, mais
je dirai comme un point de droit public et de
droit des gens incontestable qu'ils avaient,
ne fût-ce que contre leurs adversaires personnels à leur avènement à l'usurpation, le droit
de glaive. Si le glaive était un droit, et peut-
être un devoir (1) entre les mains des Bour-

____

(1) Je crois avoir démontré ce point de droit public dans
l'ouvrage récent intitulé : *De la Révolution dans ses rapports avec ses victimes, et particulièrement avec les émigrés*, sous le titre d'un chapitre : *Du Droit de guerre ap-
partenant aux émigrés*.

bons détrônés, entre celles de Buonaparte il était un crime. Il le fut surtout mis en œuvre en temps de paix, après un enlèvement perfide, et vis-à-vis d'un prince qui avait depuis long-temps posé les armes, et se résignait en roi à vivre particulier. Le droit de glaive, entre les mains de Buonaparte, fut en effet un crime au jugement de Dieu encore plus qu'à celui des nations; et quand il est audacieusement venu dire dans son testament *qu'en circonstance pareille* à celle où il en a fait usage contre un Condé, *il agirait encore de même*, il a renouvelé et empiré son régicide.

L'hypocrisie et l'audace se trouvent jointes à la méchanceté dans le testament de Buonaparte. Il déclare qu'il *oublie les* prétendus *torts* des généraux français qui ont facilité la chute de sa tyrannie, et il les voue comme *traîtres* à la postérité. Il conseille à son fils de *ne jamais se prêter à devenir un instrument entre les mains des oppresseurs de l'Europe, de ne causer aucune injure à la France, d'adopter pour devise : Tout pour le peuple français;* et son testament serait au besoin *l'instrument* le plus efficace d'oppression ; et à sa mort, comme pendant sa vie, il semble que sa *devise* ait été : *Tout contre le peuple français.* Il a

quinze ans traité le *peuple français* en esclave,
et il dit qu'il l'a *tendrement aimé*. Il donne
sans droit des monceaux d'or, il fait des
legs pleins d'outrages et de dangers pour la
monarchie; il provoque un peuple ami à la
révolte, il salarie l'homicide, il fait l'apologie du régicide; et cela pour satisfaire un
profond ressentiment, et dans un écrit de sa
main, le plus grave, et destiné à la plus
grande publicité et à la plus longue durée
qu'il puisse y avoir; il viole éminemment
enfin toutes les lois du christianisme, et il
déclare *qu'il meurt dans la religion catholique!*

L'homme qui méritait mille fois une mort
éclatante et ignominieuse, et à qui on a laissé
l'existence, ne craint pas de dire qu'il *meurt
victime avant le temps.* Celui dont les cendres
auraient dû être jetées au vent ou ensevelies
dans la mer, *désire qu'elles reposent sur les rives
de la Seine,* encore humectées des larmes ou
du sang qu'il a fait répandre, apparemment
dans la sépulture des rois dont il avait trahi
la postérité.

Un homme aussi avait été roi, et celui-là
roi légitime. Il n'avait pas été tyran : on
n'a pu le détrôner parce qu'il était bon. Son
règne, et même sa vie toute entière, n'a-

vaient été marqués que par des bontés ou des
vertus. Il était innocent des crimes dont on
l'accusait. Et pourtant il fut arrêté, détenu,
privé des choses les plus nécessaires à la vie,
séparé des objets les plus chers à son cœur,
enfin jugé et mis à mort par des sujets in-
grats et rebelles. Ce roi bon et malheureux fit
aussi un testament : comme le testament de
Buonaparte est l'expression de tous les crimes, celui-là est l'expressoin de toutes les
vertus qui leur correspondent. C'est à la fois
la sagesse, la candeur, l'humilité, la résignation, le repentir et le pardon. A bien plus
juste titre que Buonaparte, ce roi pouvait
disposer de droits, de biens et de trésors. Et
pourtant il ne parle de la *royauté* à son fils
que comme d'un *malheur* que sa tendresse
paternelle redoute. Le seul legs qu'il se per-
mette est à son serviteur le plus fidèle, et de
chétifs *effets* que ses impitoyables gardiens
lui avaient laissés dans sa prison, où ne fi-
gurait point de *poignard*. Celui-là, qui s'était
vu roi d'un grand peuple, ne craint pas de
s'abaisser et de « *prier tous ceux qu'il pourrait
avoir offensés, ou à qui il aurait pu donner de
mauvais exemples, de lui pardonner le mal qu'il
peut leur avoir fait; et de prier tous ceux qui ont*

de la charité d'unir leurs prières aux siennes pour obtenir de Dieu le pardon de ses péchés. » Mais le sentiment qui domine le plus dans le royal testament, c'est le plus pénible et par conséquent le plus vertueux et le plus admirable des sentimens, l'abnégation de la volupté de la vengeance, l'oubli, le pardon des outrages (et quels outrages!), que le testament de Buonaparte viole d'une façon si odieuse. « *Je pardonne de tout mon cœur, dit-il, à ceux* « *qui se sont faits mes ennemis... et je prie Dieu* « *de leur pardonner... Je pardonne encore très-* « *volontiers à ceux qui me gardaient, les mauvais* « *traitemens et les gênes dont ils ont cru devoir* « *user envers moi.* » Il ne se contente pas de pardonner, il veut encore user de la seule puissance qui lui reste, celle de la nature, pour engager à pardonner : « *Je recommande* « *à mon fils, s'il a le malheur d'être roi, d'ou-* « *blier toute haine et tout ressentiment, et nom-* « *mément tout ce qui a rapport aux malheurs que* « *j'éprouve.* »

L'auteur de ce testament est le roi Louis XVI. Il s'y montre, comme dans sa vie, pieux, bon, vertueux, chrétien, lorsque celui de Buonaparte est entaché du triple crime d'égoïsme, de révolte et d'athéisme.

Il fallait ce dernier trait d'opposition entre la légitimité et l'usurpation, entre la royauté et le despotisme, entre les Bourbons et Buonaparte. Il nous fallait le testament d'un tyran pour apprécier dignement le testament d'un roi.

Hâtons-nous de le dire, le testament de Buonaparte est le plus grand de ses crimes, puisqu'il les ratifie tous. Comme son auteur n'a pu le concevoir sans dépravation, son *exécuteur* ne saurait l'exécuter sans dommage et sans danger pour la monarchie, ou pour le moins sans scandale pour la société. Il est donc nul; car rien de ce qui est mauvais ne saurait être valable. Si les lois n'exprimaient pas cette nullité, elles porteraient le vice du testament, elles seraient nulles comme lui, et le premier devoir de l'autorité serait de les abroger. Mais la nullité que la raison proclame, les lois de tous les peuples la prononcent. Elle est exprimée dans celles-là mêmes à la rédaction desquelles Buonaparte a concouru comme à une évolution militaire, et auxquelles il a donné son nom : *on ne peut*, disent-elles, *par des conventions, déroger aux lois qui intéressent l'ordre public et les bonnes mœurs, et tout ce qui y est contraire est réputé non écrit.*

, Il serait par trop fort que les légataires du
testament de Buonaparte , ou ses apologistes, s'il pouvait y en avoir, récusassent
pour le juger le *Code Napoléon.*

Mais ce n'est point par le *droit commun*
qu'il faut régler des désordres extraordinaires.

Le testament de Louis XIV, aussi politique que chrétien, fut cassé sous l'empire
d'un régent indigne, par un Parlement dégradé : il serait singulier que le testament
impie et séditieux de Buonaparte fût respecté sous un Roi vertueux. Un grand
exemple nous paraît nécessaire, et sera sûrement donné. Que le testament fameux, dé-
claré nul par une ordonnance royale, ou
même par une loi des trois pouvoirs, soit
enlevé à *l'exécuteur testamentaire,* livré à celui
des *hautes œuvres,* et solennellement lacéré.
Buonaparte fut un grand coupable, son testament l'est encore davantage ; le premier
est resté impuni, flétrissons l'autre : ce serait
trop que l'auteur et l'ouvrage criminels
manquassent à la fois au bourreau.

Après tout, cet infâme testament aura
pourtant son utilité ; car c'est une *loi* de la Providence qu'il n'y a pas de mal qui ne soit une
cause de bien, et de crimes qui ne procurent

des vertus. Aux yeux de certains hommes, les maximes et les actions de Buonaparte auraient pu rester équivoques ; mais le moyen de douter de leur corruption, aujourd'hui qu'il les a exprimées, et par conséquent condamnées de sa propre main! Pour notre temps comme pour la postérité, Buonaparte est désormais jugé, déconsidéré, avili. Le misérable intérêt qu'avaient inspiré l'exil et les humiliations de ses dernières années, s'est même évanoui ; et désormais je ne sache pas qu'il soit possible de l'admirer sans démence, et de le louer sans révolte.

FIN.

TABLE.

Fautes à corriger.

Page 27, ligne 4, *égal,* lisez *d'égal.*
52,   5, *comme,* lisez *et.*
57,   13 et suiv., *lisez ainsi la phrase dénaturée :*
             « L'enfant-roi, dès sa naissance, s'est
             « trouvé si grand que la grandeur même,
             « son père, s'est comme humiliée devant
             « lui pour le reconnaître et le presser
             « contre son cœur. »
59.   1, *l'avenue d'un roi,* lisez *la venue.*
64,   5, *du côté du Rhin,* lisez *d'un côté du Rhin.*
81,   8, *le roi,* lisez *les rois.*
114,   8, *l'hérédité,* lisez *l'hérédité des trônes.*

font une source abondante d'eau vive que J. C. est venu ouvrir sur la terre, & qui jaillissent jusqu'à la vie éternelle; sources intarissables & toujours ouvertes à ceux qui veulent y puiser la force dont ils ont besoin pour se relever de l'état de péché, se prémunir contre les rechutes, & se soutenir dans les voies du salut.

Et les exemples, qu'ils sont puissans! La Religion nous présente autour de nous des personnes de tout âge, de tout sexe, de toutes les conditions, qui, dans des circonstances plus pénibles, triomphent de passions encore plus fortes que les nôtres.

Vainqueur de ces passions, l'homme n'est plus soumis aux remords; ils sont la suite inséparable du péché, & il est dans les sentiers de la vertu; il est sans crainte puisqu'il se repose sur celui qui dispose

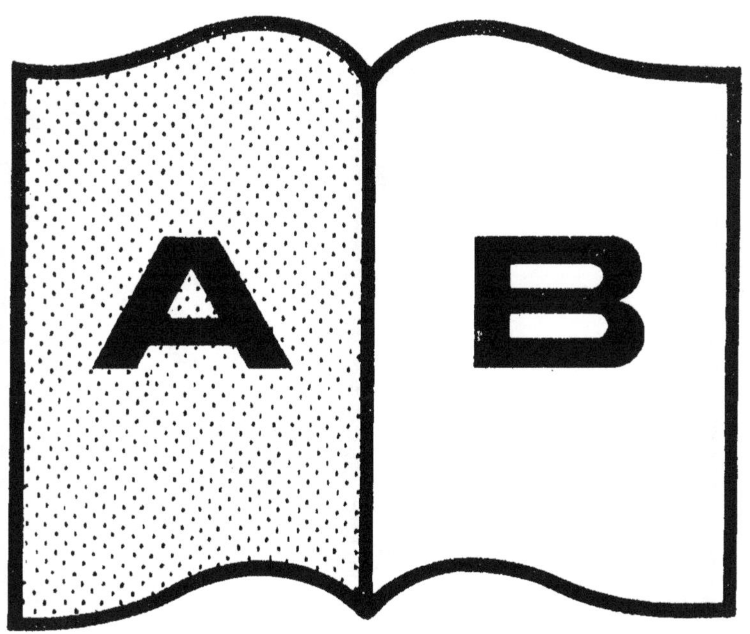

Contraste insuffisant

NF Z 43-120-14

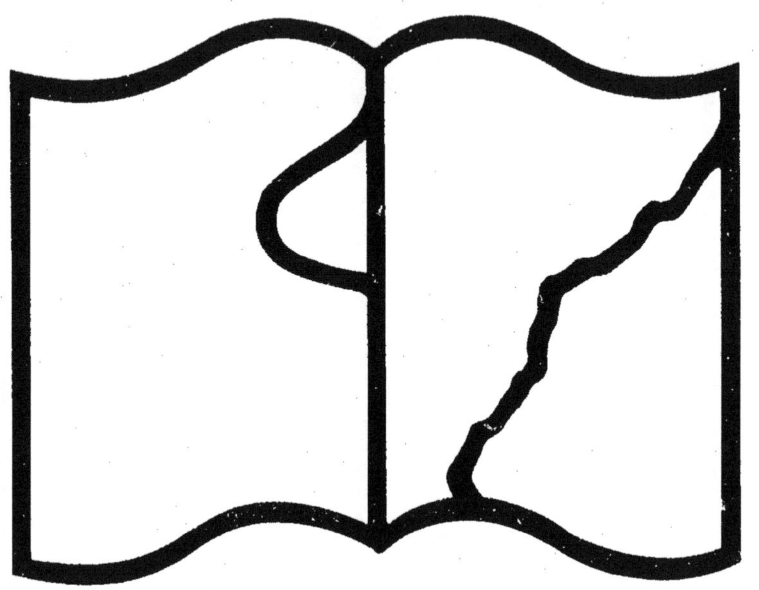

Texte détérioré — reliure défectueuse

NF Z 43-120-11